数字のセンスを磨く

データの読み方・活かし方

筒井淳也

光文社新書

はじめに

２０２０年から、世界中の人はしばらく数字にとりつかれた日々を送ることになりました。報道は連日新型コロナウイルス感染拡大のニュースで占められ、人々は発表される多くの数字に一喜一憂していました。

とりわけ注目されたのは、感染（確認）者数、重症者数、そして死亡者数です。たとえば２０２０年４月24日の東京都での新規感染者数は「１０３人」であると報道されました。外出自粛要請が続き、多くの会社や店舗が休業を余儀なくされるなか、この数字の増減にたくさんの人の目が注がれます。

他方で、この数字の背後にも注目が集まりました。新規感染者数「１」とカウントされるには、日本では一定の症状が続き、保健所や医師の判断で検査がなされ、そこで「陽性」反応が出る必要があります。この三つの段階（「症状継続」「専門家判断」「検査」）それぞれにおいて曖昧さ、不確定性があります。つまり、同じような症状でも検査に行く人と行かない人に分かれますし、専門家の判断も実はまちまちです。三つ目の「検査」にはせめて曖昧さがあってほしくないところですが、そうもいきません。検査はＰＣＲ検査と呼ばれる手法で行われますが、この種の検査においては陽性なのに陰性と判断されたり（偽陰性）、陰性なのに陽性と判断される（偽陽性）こともあります。しかも２０２０年に最初の緊急事態宣言が出されたあとの段階になっても、その精度の「計算ができて」いなかったのです*。

＊日本疫学会ウェブサイト「新型コロナウイルス感染予防対策についてのＱ＆Ａ」
https://jeaweb.jp/covid/qa/index.html（２０２０／４／26閲覧）

このように、数字は「１０３人」と集計されてしまうと単純にみえますが、その実複雑な事情をたくさん引き連れています。そう、「１０３」は、同じ「１」が１０３個集まった数字ではないのです。少なくとも１０３通りの「異なった情報の集まり」なのです。

このような状況ではなおさらですが、そうではなくても私たちは数字に取り囲まれて生活しています。数字は私たちそのものを構成している、といってもいいくらいです。

私は本書で、次の二つのことをお伝えしたいと考えています。

ひとつは、「数字にきちんと向き合ってほしい」ということです。もうひとつは、「数字にできないこと」を知ってほしいということです。

「数字で何がわかるというのか」という言い方がありますが、たしかに数字には何かしら形式的な、冷たいイメージがついて回ります。それは、バラエティーに富んでいて生き生きとした実態を「数字」に置き直してしまうと、真実がみえなくなってしまう、という感覚からくるものでしょう。これは決して誤解ではありません。数字とはまさにそういうものです。

「数字に何がわかるのか」という気持ちを、私たちは常に持っている必要があります。

ただ、それでも私たちは生活をする上で数字を扱わなければなりません。その上で避けるべきなのは、数字が物事を単純化しているということを「忘れてしまう」こと、そして逆に「問題があるからいっそのこと数字を使わない」ということです。

数字が作られるプロセスを忘れてしまうと、数字を間違って分析してしまうことにつながります。「無理して作った数字だ」ということを意識していれば、おのずと数字を扱う際にも一定の分別がなされるはずです。

「数字を使わない」という選択は、これもその帰結を想像できていないという点で、ある意味で想像力に欠ける判断です。間違いなく、数字は私たちの生活の水準を豊かにしてきました。「GDP」でお馴染みの国民経済計算は、マクロ経済政策に必要で、それがあるおかげで多くの人の命が救われています。貧しい人を救うためには、貧しい人の実態を把握する統計が必要です。病気に対して十分に支援をするためには、効率的な資源配分に導くための数字と計算が必要です。

権力者は統計数字を歪める力を持っていますが、それでも統計数字がなければ、権力者はまさに好き放題に振る舞うフリーハンドを得ます。歪んだ数字に対抗できるのは、数字をなくすことではなく、より歪みの少ない数字を作ることです。

要するに、**「数字をそのまま受け入れる」ことも、「数字を過度に受け入れない」ことも、両方とも想像力の欠如の表れ**なのです。

思えば、このような立場から数字や統計を解説した本は、驚くほど少ないものです。多くの入門書は、数字が作り出されるプロセス、そこに含まれる歪みについては、統計調査の文脈で一部だけを触れるか、あるいは「数字をそのまま受け入れ」ています。あとは手法の解説だけです。これだと、数字を扱う「センス」は磨かれないままです。

ここでいう「センス」は、英語ほんらいの意味だと考えてください。日本語では「いいセンスをしている」という言葉を「いい趣味をしている」といった意味で用いることがありますが、これに当たる英語は taste です。「You have a good taste」（いい趣味＝センスしているね）といったりします。センスという言葉には、もちろん「感覚」という意味もありますが、「良識、分別、判断力」という意味合いもあります。これらには、「限界をわきまえる」といった含意があります。「数字のセンスを持つ」ことは、数字にできること、できないことをきちんと分別する、ということです。

また、英語で make sense という言葉がありますが、これは「意味が通る」といった意味です。数字は、上手に扱わないと、ついつい「意味の通らない」ことをする道具になってしまうことがあります。本書では、数字を使って「意味が通る」思考をするためには何が必要か、考えていきます。

本書では、「数」を使った実践を次の順番で説明しています。まず、私たちはいろんなものを数に置き換えます（数量化）。たとえば、人々の幸せの度合いを数値化します。次に、数にした上でいろんなものを比べます（比較）。ある人は別の人よりも幸せである、といったことがわかります。そして、何かにその幸福度の差を生み出す効果があるのかを解明します（因果）。その際に、差が偶然に生じているものかどうかにも気を配ります（確率）。そのあとで、ＡＩとビッグデータという新しい計量分析の動向を踏まえて、データや分析において専門家が何をしているのかを解説します。

それぞれの実践、段階において、数字を扱うセンス——良識、分別——が問われてきます。本書が、そのセンスを磨くひとつのきっかけになればさいわいです。

数字のセンスを磨く　データの読み方・活かし方――目次

第二章　比較のセンス

第四章 確率のセンス――― 153

第五章 分析のセンス——211

第六章 数量化のセンス再訪

第一章
数量化のセンス

「数える」とは

私たちは、数字を使ってほんとうにいろんなことをしています。この章では「数字のセンス」を磨く第一歩として、「数える」ことについて考えてみましょう。

実は意外に多くの人は、きちんと数えることができていません。「いやいやそんなことはない、少なくとも日本では、社会生活に必要な基本能力のひとつとして数え方を学校で教えている」と反論する人もいるでしょう。もちろんそれはそうですが、数字が氾濫するこの世の中であるがこそ、「きちんと数える」ことができていないことはよくあるのです。

私たちが「数え方を習う」ということからもわかりますが、数字を扱うスキルは私たちに生物学的に最初から備わっているものではありません。潜在的な能力はもちろん生物学的に与えられているのでしょうが、数あるいは数式は言語の一種であり、私たちは後天的に、つまり生まれたあとでそれを獲得します。数え方に関する文化的な多様性が、後天的学習の重要さの証拠になっています。ほとんどの社会では数字は10進法で数えますが、今でも時間だけは12進法ですね。

他方で、「数」の基本的な概念自体は、おそらく原初的な言語のなかには含まれていたと考えるのが自然でしょう。というのは、原初的な自然環境・人間生活のなかにも、数を数えたくなるような個体、順序をつけたくなるような機会があるからです。狩猟採集活動においても、その日に採れたクルミの数は何個かを数えることはあったはずですし、どの子どもがどの順番で生まれたかを数（あるいは数的な概念）で表すこともあったでしょう。

　この場合の「数」とは、現代の数学で自然数と呼ばれている数です。自然数とは、簡単にいえば正の整数であり、「１、２、３……」と続く数の集合を表します（定義によっては０を含むこともあります）。個体を数え上げるときは、私たちは小数点のある数や割り切れない数を用いたりすることはほとんどありません。本書のなかでも、数というときは主に自然数を指すことが多いです。統計においても、社会統計の場合には特に、扱われるのは自然数であることがほとんどです。たとえば人間を数えるとき、私たちはふつう「１・５人」といった数え方をしません。

　ところで、さきほど「個体」という言葉を使いました。個体（individual）というのは統計学において興味深い概念なので、第六章で詳しく説明します。ここでは「何らかの意味で〈類似〉した特徴を持つ何か」だと理解してください。私たちは全く異なった物体や事柄を「１つ、２つ……」と数え上げることはしません。今、原稿を書いている私の机の上には、

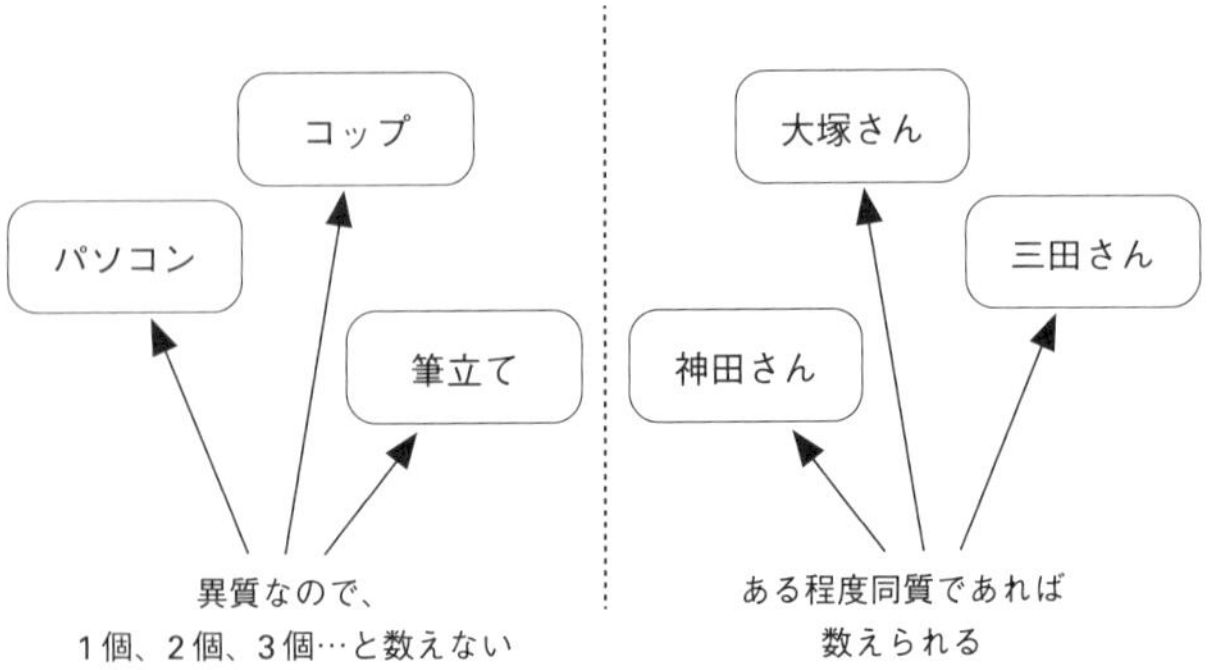

図1　数えないものと数えるもの

パソコンのほか、コーヒーカップ、棚、筆立て、何冊かの書籍などがあります。しかし私は、これらの物体の個体数を合わせて数えることはしません。たいていの場合、そんなことをする意味がないからです。しかし自分が所有しているパソコンやＩＴ機器については、個体数を含めて管理することがあります。

私たちは何かを数えるときに、何かしら目的があってそうします。そしてその目的にかなうくらいには、異なった物体・事柄は「そろっている」必要があるのです。実は**「そろう」「そろえる」ということが、数を扱う際には根本的に重要な作業**になってきます。このことを理解しておくと、数量や統計についてのいろんなことが理解しやすくなるのです。

私たちは、犬、猫、人間を同列に並べて個体を数えることはほとんどしないはずです。そういうことがあったとしても、きわめて特殊な文脈になるでしょう。無理に考えると、たとえば人間と動物が密閉された空間に閉じ込められていて、生き延びるための酸素や食料の量が気になるときは、動物を含めた個体を数えるかもしれません。しかしそんなことはまず起こりえませんし、その場合でさえ、酸素や食料の消費量が「そろって」いないと、個体としてまとめて数えることには意味がなくなります。ましてや、人間とミミズの数を（別々にではなく）合わせて数え上げようということは、まずないでしょう。種を超えた動物の数をカウントした統計は、公式には作成されることはほとんどありません。

国を挙げてのお祭りだった国勢調査

他方で私たちは、人間の数を数えることは、非常に頻繁に行います。それは、人の数が政治的、経済的に重要だと考えられているからです。たとえば、ある国の人口を数え上げるためのひとつの方法が「人口センサス」です。日本では「国勢調査」と呼ばれています。国勢調査は、１９２０年に第一回が行われ、その後原則5年ごとに調査が行われています。２０

20年に二十一回目の調査が行われました。次回は2025年です。

　ほとんどの国の政府は、国勢調査を行うか、あるいは行いたいと考えています。それは、国の実態を知ることが、対内政治、対外政治の両面において重要だからです。対内的には、人口を把握することは税収を考える際の基礎的情報になります。対外的には、「国勢」という言葉にも表れているように、人口は経済と並んで「国力」を測る重要な指標になります。ある地域内に存在する人間の数を数えることは、特に為政者の目的にかなうことなのです。

　それに、近代化を進めたい政府にとって、統計には「為政者の面子」のような側面もありました。日本の統計制度は明治期に徐々に整備されていきますが、「日本の人口は何人で、面積はどれくらいで、生産力は……」といった数値を対外的に示さないことには、先進国――当時は列強と呼ばれていました――の仲間入りはできなかったのです。

　余談ですが、そういうこともあって、いよいよ実現した第一回の国勢調査のときには国を挙げてのお祭り騒ぎになりました。ポスター等で大々的に国民全体に周知されたのはもちろんのこと、功労者が表彰されたり、調査員には豪華な記念品が贈られたりしました。ポスターのひとつ（**図2**）にはこうあります。国勢調査にかける当時の意気込みが伝わってきます。

此の調べに漏れては國民の恥です。九月三十日から十月一日にかけて旅行する人は申告漏にならぬ様注意して下さい　北海道廳

図２　第一回国勢調査のポスター
総務省「国勢調査のあゆみ」
https://www.stat.go.jp/data/kokusei/2015/kouhou/ayumi-01.html

おかしな数え方

ところで、国の人間の数を数えるのはかなりたいへんな作業です。なによりも、大きな数

字を表すための言語が必要になります。さきほど、人間は原初的な生活においても、数の概念を持っていたはずだ、と言いました。ただ、単位が大きな数字や、複雑な操作・計算に耐えうる数字が発達したのは、もっとあとになってからです。

記録に残っているなかでは、紀元前３０００年くらいに、現在のイラク南部・クウェート付近に最古の都市文明を築いたとされるシュメール人の支配層が、行政で万単位の大きな数字を駆使していたという例があります。そこで数量化されていたのは、麦の収穫量や税収です。この例からもわかりますが、大きな数字を扱う技術は、最初は国の運営という目的から発達したのです。

話を戻しましょう。何かを「数え上げること」は、数えることの目的に即して、個体の特徴をそろえた上で行われるのでした。数えること、つまり数量化は、英語でいえばquantification です。ここでは単純に、「何かの個体あるいは個数を数え上げること」だと理解しておいてください。

「はあ、こんな当たり前で無難なことを聞かされても……」とお思いの人もいるかもしれません。では、「数えること」の別の側面について考えてみましょう。そこには、あまり自明なことではない問題がいくつかあるのです。

私たちは、数え上げること（数量化）を行うときに、わりと「おかしなこと」をよくやっています。しかもそのことに気づいていなかったり、あるいは（専門家はそうですが）事情があって仕方なく不自然なことをやっていたりするのです。

実は**数量化のこの「不自然さ」に気づくことこそが、「数量化のセンス」を身につける第一歩**なのです。

私たちが数量化を行うのは、個体をいったん数値にすることで、実にさまざまなことができるからです。四則演算などの基礎的な計算はもちろんのこと、統計モデルを使った将来予測もできるようになります。集団（国でも企業でも）の経営・管理も、格段に効率化されます。現代の国や企業は、必ずといっていいほど、人口、生産量、労働投入量（就業者数や労働時間）、会計（売上、利益等）についての統計数値を作り、それをもとに政策や経営の判断を行っています。また、具体的な場面を観察するだけでは発見できない隠れた関連性を見出すことができたりします。数量化のメリットには、それこそ計り知れないものがあるのです。というより、そもそも私たちの生きる世界は、数量化抜きには成立しません。

しかし、さきほど述べたように、数量化とはたいてい「おかしな」作業でもあります。どこが「おかしい」のでしょうか。

家事頻度の数え方

まずはわかりやすい例からです。私の専門分野は、家族や働き方に関する計量社会学です。計量社会学の研究では、しばしば量的な社会調査のデータをもとに研究を行います。いわゆるアンケート調査ですが、学術的には「質問紙調査」あるいは「調査票調査」と呼ばれています。調査票（アンケート用紙）には、たとえば以下のような設問があり、郵送やインターネットなどの手段で調査票を届けられた回答者は、あらかじめ決められた選択肢のなかから該当するものを選ぶ、という作業を行います。

問　あなたは、食事の用意をどのくらいの頻度で行っていますか。
選択肢　「ほぼ毎日」「1週間に4〜5回」「1週間に2〜3回」「週に1回くらい」
「ほとんど行わない」

こういった設問への回答の結果を使って、「ほぼ毎日食事の準備を行っている有配偶男性は○％」といった集計を行うことができるようになります。参考までに、２００８年の「全

食事の用意（%）	男性	女性	合計
ほぼ毎日（週6～7日）	2.5	82.9	47.7
1週間に4～5回	3.4	9.5	6.8
1週間に2～3回	9.5	3.6	6.2
週に1回くらい	17.7	0.7	8.2
ほとんど行わない	64.8	2.6	29.9
無回答	2.1	0.7	1.3
	100.0	100.0	100.0

表1　週あたり食事の用意の回数分布

二次分析に当たり、東京大学社会科学研究所附属社会調査・データアーカイブ研究センターSSJデータアーカイブから第3回全国家族調査調査（NFRJ08）（日本家族社会学会全国家族調査委員会）の個票データの提供を受けました。

国家族調査（ＮＦＲＪ08）」では、「働き盛り」の30歳台に限定すれば、**表1**のような結果でした。「ほぼ毎日」という回答の割合は、男性では2・5％、女性では82・9％でした。家事分担のこの極端な偏り具合についていろいろ言いたくなる読者もおられるとは思います。これは２００８年のデータですが、10年後の同様の調査でも結果に大きな違いはありません。ただそれは置いておくとしましょう。ここでは、数量化に関して「気をつけるべきこと」について述べていきます。

質問文では、「食事の用意」という言葉が使われています。そして、これが量的な調査票調査である以上、「食事の用意」の中身については、その判断は回答者が決めることになります。ですから、「食材の買い物・献立・調理」という一連の流れを含めて「食事の用意」1回分だと考えて回答している人もいるでしょうし、「テーブルの上にお皿を並べて、はい1回」とカウントする回答者もいるかもしれません。

「そんないい加減なことでよいのか」とお考えの読者もいるかもしれません。答えは、よくないともいえるし、よいともいえる、というものです。「よくない」という考え方をすれば、たしかに上記の数値はいい加減といえばいい加減です。しかし、「仕方がない」という側面もあります。

まず大前提として知っておいてほしいことがあります。それは、**「数えることにはお金がかかることが多い」**ということです。伝統的な調査票調査は、コストをかけられない場合は特に、郵送で行うことが多いです。その場合、回答する場に調査員がいませんから、選択肢について細かいことを伝える、たとえば「食事の用意」とは、これこれこういう作業までを含みます、といった指示を出すわけにはいきません。それに、調査の資金がたくさんあって、調査員を派遣して面接調査を行うことができたとしても、調査員によって説明にブレを出さないためにはかなり徹底した事前のインストラクションが必要になります。このような手間と時間をかけた調査をすることは、ほとんどの場合不可能です。

では、郵送される調査票の設問にもっと細かい注釈（「ここでの食事の用意とは、〇〇といった作業までを含みます」など）を加えたらどうでしょうか。ただ、これもあまり現実的ではありません。というのは、調査票調査というのは回答者にそれなりの負担を強いるものなので、あまり細かい指示を読ませるような調査票を作ってしまうと、回答拒否が増える可能性が高いからです。回答拒否が多くなると、結果が不正確になります。それに、家事頻度を正確に測定しようとすればするほど、この注釈は長くなるでしょう。そうすると今度は、回答を得られたとしても、注釈をちゃんと読んだ人なのかそうでない人なのかによって回答がぶれてきます。つまり、几帳面な、あるいは時間に余裕のある人の回答と、そうではない人の回答が「そろっていない」ことになります。

数量化のジレンマ

「そろっている」ことが数値に妥当性を与えるのですから、条件をそろえるべくいろいろ工夫すると、今度は別のところが「そろっていない」ことになってしまいます。さきほどの家事頻度の調査では、食事の用意の回数を正確にそろえて測定しようと長い注釈をつけると、今度は注釈を読んだ人と読んでいない人で回答がそろわなくなる、ということでした。ベッドシーツの端をそろえたら、反対側の端がずれてしまうようなことが生じるのです。**「正確な数字を得ようとすればするほど、正確な数字が得られなくなる」という問題**は、まさに**「数量化のジレンマ」**とでも呼べる事態です。

「完全にそろえられないくらいなら、いっそのことコストをかけて数量データをとるようなことをしなければよい」という考え方もあるでしょう。この考え方には一理あります。調査票調査は、やり方にもよりますが、対象者一人あたり数千円のコストがかかることがふつうです。高いお金をかけてデータをとってきても、上記のようないい加減さが含まれるのなら、やめておく、というのも考え方のひとつではあります。

たださきほども述べたとおり、数量化すれば、それによってできるようになることがたくさんあります。**表1**（27ページ）をみて、家事分担には圧倒的な男女格差があることが示されました。さすがに、この差をすべて測定の不正確さのせいだと考えることはできません。つまり、「ほんらいはもっと平等だが、男性は買い物・献立・調理まで含めて1回とカウントしているのに、女性はお皿を並べただけで1回とカウントしているので、こんなに差がついているのだ」と考えるのには、かなり無理があります。それに、家事分担の不公平を説得的に示すためには、やはり数量データが最適です。

多少無理をしてでも数量化することで、いろんな分析ができるようにもなります。たとえば、妻が働いている場合とそうではない場合で夫婦の家事頻度はどう違うのかとか、夫が残業を減らすと夫の家事負担は増えるのかなど、そういった問いに切り込むことができるようになるのです。

私たち研究者は、数量化しにくいものを数量化する際に支払った、いい加減さという「犠牲」を、数量化することによってはじめて得られるであろう知見によって、埋め合わせようとします。もちろん、測定段階の数量化があまりにいい加減であれば、出てきた分析結果にも意味がありません。コンピュータ・サイエンスの分野では、「Garbage in, Garbage out」という言葉があります。「ゴミのような意味のないデータを入力してもゴミのような結果しか出てこない」といった意味ですが、これは統計分析でも同じことです。

ただし調査研究の現場では、この格言はそれほど役に立ちません。目標は、「完全なデータを得ること」にはありません。それは非常に難しく、コストがかかることなので、そもそも目標になりません。そうではなく、重要なのはまず「できるだけ妥当性の高いデータを得ること」であり、そして次に「データを入手した手続きを開示すること」です。そうすることで、データの限界について多くの人と共有することができるからです。

調査研究の相場感覚

さらに、数量化・測定に際して強く偏り（バイアス）が疑われる場合には、手持ちのデータのなかで補正をかける必要があります。たとえば、調査票調査で収入を尋ねる場合、3割程度の「無回答」が生じることがあります。さすがに3割のデータを「なかったこと」にすることは難しいです。というのは、特定の傾向の人――所得が低かったり、すごく高かったり――が無回答になる傾向があるとすれば、平均の計算にも偏りが生じますし、その他（労働時間や職種と収入との関連性を検討するなど）の分析にも問題が生じるからです。

この場合、研究者は、収入が「無回答」の人の収入のデータを、他の情報を使って「代入」することがあります。収入は、性別、年齢、職種、労働時間などの他の特徴と強く関連しています。そこで、これら収入の大きさと関連性が高いデータから、無回答の人の収入を予測して、欠けている情報を埋めるわけです。これを「代入法（imputation）」といい、主な統計ソフトウェアにはその機能が組み込まれています。

ただ、代入される数値は、どういうデータを使って、どういう方法で埋め合わせるのかに応じて異なってきます。多くの研究者に共有された、「これが正解だ」という手続きは存在しません。最終的には、研究者自身の判断や研究者コミュニティ（学会）での相場感覚に頼ることになります。

代入法は、調査票の一部、たとえば収入には回答していないが、性別や職業などの他のデータには回答している、という場合に使える補正方法です。しかし社会調査の場合、そもそも全体の回答が得られないケースも多々あります。大学の研究者が郵送法で調査票調査を行う場合、回収率はせいぜい3割程度です。

ですので、回答してくれた人と回答してくれなかった人の特性が異なっている――専門的にいうと「異質」である――場合が生じえます。性別でいえば、回答率が高いのは女性、特に既婚女性です。自宅にいて調査に協力する時間がある人が、男性よりは多いのでしょう。この場合、分析において「重み付け（weighting）」をすることがあります。つまり、対象のほんらいの男女比になるように、男性回答者の数を「水増し」するのですね。

ただ、重み付けをするべきかどうか、するならば具体的にどのようにするのかについては、判断が分かれることがあります。ここでも、ある程度は研究者の相場感覚に頼ることになります。

数量化の現場は「ベスト・エフォート」

そう、これが「数量化の現場」なのです。実際に得られるデータは、ゴミとまではいえないが、かといってとうてい完璧ともいえないようなものです。「どうせゴミなんだから数量化データなんか使わないほうがよい」ということでもなく、「あたかも完成品であるかのように数値を扱う」ということでもありません。数量化の限界について意識した上で、必要な留保をつけ、可能な補正を行うことが重要になってくるのです。さきほどの繰り返しになりますが、「数字はいい加減だ」ということを意識しているからこそ、それをより適切に扱おうとする努力が生まれるのです。

こういう努力を表すよい言葉があります。「ベスト・エフォート」という言葉です。コンピュータ通信の分野でしばしば使われる言葉ですが、意味としては、「最大限の努力はしますが、完全な結果は保証しません」といったところです。「通信速度10Ｇｂｐｓ！」（1秒間に10ギガビット）と銘打っていても、いつも必ず10Ｇｂｐｓの速度が出ることは保証されません。それはそもそも不可能か、あるいは可能だとしてもとんでもなく高いコストがかかるため、一般に最高速度の通信を常時提供することを保証するサービスはありません。それを求めてしまうと、そもそも通信サービスが提供できなくなってしまいます。

調査の分野での数量化データも、ベスト・エフォートなのです。**完璧、あるいは非常に高い品質のデータを求めると、データを得ること自体が不可能になります。**それは不幸なことで、誰も幸せになりません。

さきほどと別の例をとりあげましょう。日本に住んでいる人の正確な人口を調べたいとします。まずは定義する必要がありますね。知りたいのは、「２０２２年10月１日時点で日本の領土内にいるすべての人間の数」だとしましょう。結論からいうと、おそらくこれを数量化するのは無理です。まず出生と死亡は、必ずしも当局が知りうる範囲で生じるとは限りません。特に死亡についてはそうでしょう。病院で、医師による死亡時刻の確認を伴って亡くなる方ばかりとは限りません。航空機や船舶による人の領土・領海の出入りについても、完全には把握できないでしょう。国勢調査では、これとは違って「常住人口」を調査しようとします。これは「常住地方式」といって、調査時点（たとえば２０２２年10月１日時点）で継続的に住んでいる場所で調査をする方法です。これと違う方式が「現在地方式」で、これは調査時点で存在する場所で調査をするやり方です。国勢調査は、かつては「現在地方式」でしたが、現在は「常住地方式」で調査されています。

もちろん、ただ常住地といっても定義が定まりません。そこで、国勢調査では「調査期日の時点ですでに三ヶ月以上住んでいるか、期日の前後を通じて三ヶ月以上にわたって住むことになっている場所」だと定義されています。

さすがに国勢調査だけあって、できる限り厳密に調査を行おうとする配慮がなされています。しかしそれでも、居住地が定まらないホームレスの人、オートロックのあるマンションなど調査員がアクセスできなかった場所に住む人のように、国勢調査から漏れやすい人はいます。あらゆる対象者に調査を行き渡らせようとすれば、かなりの強い拘束力や強制力、そして罰則を伴う調査行政が必要になります。そうすると「人の数を数える」ために払うべきコストと副作用が大きくなりすぎて、むしろ害悪になります。

国を挙げて行う調査の代表である国勢調査も、やはりベスト・エフォートが落としどころなのです。「完璧ではなくても、ないよりはマシ」なのです。

数量化のベスト・エフォート原則を踏まえておくことは、きわめて大事なことです。というのは、データ・クオリティの保証を求めすぎると、逆にデータに深刻な問題が生じることがあるからです。

２０１８年には、国の統計に深刻な問題が発覚しました。「厚生労働省の統計不正問題」

です。これについては、データの調査方法それ自体に大きな瑕疵があったというよりも、作業手順の変更が適切に報告されていなかったり、データの補正がいい加減だったりした点に問題があるとされています。問題の背景には、組織の隠蔽体質、統計データの重要性に対する認識の欠如、統計職員の不足などがあったと考えられます。

厚生労働省は、時間外労働をする職員が省庁でもトップクラスに多い忙しい職場だとされています。時間と人員の余裕のないなかで手間のかかる作業を行うと、どうしてもデータの質を下げることにつながります。もちろん、不正にあたっては怠慢や認識・知識不足もあったでしょう。しかし、十分なリソース（人手、お金、時間）を与える算段を行わないまま、質の高いデータだけを求め続けると、おそらく同じ問題がまた持ち上がってくるでしょう。

繰り返します。データには完全を求めることはできません。だからこそ、数量化の手順を透明化することが重要になります。また、データが完全ではないことを認識するからこそ、データの扱いに必要な留保や工夫が施されるのです。

カテゴリーの「余り」と「重なり」

さきほど、「数を数える」ということは、ある程度そろっているもの（個体）を数に置き直すことだ、と書きました。これは、広い意味では「分類すること」と同じ作業です。人間の数を数える場合、人間を他の個体と区別（分類）した上で数え上げるわけですが、同じ人間を数種類の「カテゴリー」に分類してそれぞれを数えることもあります。

ただ、人間という個体とそれについての情報とがきれいに対応していない場合も多々あります。職業はそのよい例です。

職業を分類するときには、「仕事の内容」を軸とした分類を行います。日本には「日本標準職業分類」というものがあって、２００９年版では、３２９個の職業カテゴリーが定められています。それぞれには番号がつけられていて、たとえば「１９４高等学校教員」「２６３経理事務員」「３８１理容師」のようになっています。デスクワーク（事務）に関連する職業カテゴリーとしては、「庶務事務員」「人事事務員」「企画事務員」など20個ほどがあります。*

＊「職業」「産業」カテゴリー分類の変容とその説明については、長澤克、２００６、「産業・職業分類の変容」『統計学』90：78‐87が参考になります。

しかし、どれかのカテゴリーに問題なくあてはまるわけではない人も多いはずです。特に中小企業の場合など、「２６３経理事務員」であり、かつ「２５６電話応接事務員」でもあるような働き手がいることはむしろふつうでしょう。つまり、一人の個体のなかで、同じ項目についての複数のカテゴリーが重なり合うのです。職業を尋ねるアンケート調査では、手渡された職種分類のなかから自分でどれかひとつを選ぶことが多いのですが、その際には「主な仕事」を自分で判断して記入する人が多いでしょう。これは調査をする側からすればコストがかからない方法ですが、本人の選択がほんとうに妥当かどうかは、判断が分かれます。

それに、仕事というのはほんらい雑多な作業を含むものです。「営業」「人事」といったわかりやすい仕事のほか、それを補佐したり、労働環境を整えたりするための仕事もたくさんあります。来客対応や出張手続き、伝票の処理などですね。会社組織では、そういった仕事を「庶務」と一括して呼びます。「総務」という言葉もありますね。英語では、総務をgeneral affairs、庶務をcatch-all sectionと呼んだりします。

会社組織ではまだ「庶務」という名前がつけられるだけ分類が可能といえば可能なのですが、家庭の仕事ではそうなっていません。職場ではなく家庭の仕事には、たとえば「食事の準備」「掃除」といった名前がついた家事もありますが、そういったわかりやすい名前がついていない無数の作業もあります。２０１６年に大和ハウス工業の社員、多田綾子さんは、家庭・家族に関するたくさんの作業について、それが家事であるかどうかをアンケート調査で尋ねたところ、はっきりとした男女差のある家事がありました。たとえば「トイレットペーパーがなくなったときに買いに行く」の項目では、女性のほうが「家事だ」と理解している割合が顕著に高いのです。ほかにも、「手洗い場のタオルを取り替える」「新聞・雑誌などをまとめて捨てる」など、わかりやすい家事の仕事以外にも家庭でやるべきことがたくさんあって、しかもその負担の多くを女性が引き受けている、ということがわかったのです。

　みえにくい作業は分担も上手に進みません。大企業であれば作業の切り分けや分担もある程度システマティックにできるかもしれませんが、人数の少ない職場や家庭ではそうもいかないでしょう。このように、「作業を分類してカテゴリーを作る」「作業に名前をつける」ということは、負担の公平性にもかかわる重要な問題なのです。

　以上は、数える上でのカテゴリーの「余り」の問題といえるでしょう。次はカテゴリーの

「重なり」の問題です。

「カテゴリーの重なり」問題は、「死因」の分類において典型的にみてとることができます。各国には、死因を分類した統計があります。日本では「人口動態統計」の死因分類がそれに当たります。２０２１年であれば、最も多い死因は「悪性新生物〈腫瘍〉」で、約38万人が該当しています*。新型コロナウイルス感染症の拡大で改めて注目されるようになった感染症ですが、分類上は「感染症及び寄生虫症」になっていて、これに該当したのは２・２万人ほどでした。新型コロナによるとカウントされている死者数は２０２１年で１万６０００人ほどでした。参考までに、交通事故を含む「不慮の事故」は約３・８万人です。

＊厚生労働省「令和３年（２０２１）人口動態統計月報年計（概数）の概況」
https://www.mhlw.go.jp/toukei/saikin/hw/jinkou/kakutei21/index.html

ただ死因の分類は、おそらく職業分類以上にやっかいな作業です。新型コロナの場合、早い時期から基礎疾患（糖尿病など）を持つ人の重篤化率が高いことが指摘されていました。つまり、糖尿病や心不全を患っていなかったら、新型コロナウイルスに感染しても重篤化しなかった可能性があるのです。この場合、死因はどちらなのでしょうか？　これとは別の極端な例ですが、交通事故をきっかけに入院し、そのために病院で院内感染して死に至った場合、「交通事故がなければ死ななかった」ことは間違いありませんが、通常、交通事故を死因にはしないでしょう。

厚生労働省は、ガイドラインを発表して国際的な分類を参照しつつ、死因の適切な分類方法を浸透させようとしてきました。その一例は「疾病及び関連保健問題の国際統計分類　ＩＣＤ－10（２０１３年版）準拠」などにみられます。このガイドラインの4節に「疾病及び死因コーディングについてのルール及びガイドライン」があり、１００ページ以上にわたって分類の方針が解説されています。簡単にいえば、死因が複数ある場合には一定のルールにしたがって原死因（死の根本原因）を特定する、と書かれています。詳しい内容を簡潔に解説する力量は筆者にはありませんが、少なくともそれくらい死因の分類は難しく、また議論の余地があるものだ、ということがわかります。

ここで忘れてはならないことは、私たちが何かを分類するときに使う概念は、しばしば議論の対象になったり、ときには生臭い争いや対立のなかで立ち現れるものでもある、ということです。「統計と政治」というと、「数字をごまかす」といったわかりやすい操作がイメージされやすいかもしれませんが、カテゴリー自体がそもそも価値中立的なものではありえないということを確認しておきたいと思います。

量は質的に決定される

死因の分類は、何らかの客観的かつ自動的な決め方がないため、結局は事情を知る医師の判断に頼ることになります。つまりこれは、医師の「質的な」決定です。**実は私たちが分類作業をして数的なデータを作り上げる際、その分類作業のほとんどは質的な判断です。**

たとえば社会調査では、就業状態について以下のような分類を用いることがあります。

・経営者・役員
・管理職
・一般従業者
・非正規雇用（パート・アルバイト・派遣社員・契約社員等）
・自営業あるいは自営業の家族従業者

その上で、「○年の調査では経営者・役員が何人（何%）、管理職が何人……」といった数量化が行われるのです。これを統計学では「カテゴリカル・データ」と呼びます。反対に、年収や身長は量的データと呼ばれます。

カテゴリカル・データでも量的データでも、数えるからには「そろえる」ことが必要になってきます。量的データでそろえるべきなのは「単位」です。「身長が１７０センチメートル」であるのなら、「１センチメートル」の長さはそろっている必要があります。地面から身長を測るとき、最初の１センチメートルと次の１センチメートルの長さが不ぞろいだと意味がありません。

「長さの単位」であればそろえるのは簡単だ、と考えたくなるかもしれませんが、実際にはそれほど単純ではありません。長さは時間と同じ、あるいはそれ以上に「精度」を求められます。現代の工業製品の核となるのはスマートフォンなどの精密機械ですが、それらは１ミリメートルの誤差も許容しないものがほとんどです。すでに１９２０年代には現在のＩＳＯ（国際標準化機構）の前進である「万国規格統一協会（International Federation of National Standardizing Associations)」が設立され、長さ等の工業規格の統一を促進していました。

それ以降の標準化にあたっても、国際政治や莫大な資金の動きがありました。アメリカがいまだに単位としてヤード・ポンド法を用いていることで、変換、つまり単位をそろえるための莫大な作業が発生していることも有名な話です。

「お金」という単位も実はかなりいい加減で曖昧です。私たちは日常生活で、お金の価値を固定的に捉える傾向にあります。そのために、「給料が下がった」「好きなお菓子の値段が上がった」といった理解を、金額だけをみて行います。ただ、お金の価値は長さの単位のように合意された規格があるわけではなく、お金によってどのくらいの量の商品と交換できるのか、そしてその貨幣に対するニーズがどれくらいあるのかによって決まります。そのため、実際には同じ金額のお金の価値は、日々変動しているのです。物価が上がれば、同じ給与額でも実質的な価値は減ることになります。

また、政府が借金をしている場合、貨幣を発行して財政難を克服しようとする動機があります。しかしそうするとインフレが生じて貨幣価値が下がるため、資産家はそれに反対するでしょう。また、過度のインフレは、モノの価値を測定する機能の喪失を伴うことがあります。そうすると、モノとモノを交換しようにも、基準となる単位がなくなるため、経済は大打撃を被るでしょう。かように、量的データにおいても「（単位を）そろえること（あるいは一定の方向に動かすこと)」は、私たちの社会的な活動の一部なのです。

カテゴリカル・データにおいても、そろえることは重要です。ただ、その作業には独特の難しさがあります。ここでは、カテゴリーを使った数量化の際の二つの重要なポイントについて説明しましょう。

ひとつは、すでに述べたように、カテゴリーを使って数量化をする際にその前提となる分類という作業はほとんど質的（非量的）な決定である、ということです。長さや貨幣の「単位」も質的（政治的、経済的）な活動の一部ですが、これらと違うのは、カテゴリーの場合には質的な決定が日々の生活のなかで持続的に行われている度合いが強い、ということです。

仕事について考えてみましょう。そもそも、ある人が別のある人を「非正規雇用」だと認識したり、あるいは自分で自分の従業上の地位を非正規雇用だと認識したりすることは、何らかの客観的・数量的な基準をもとになされているわけではありません。非正規雇用よりも労働時間が短い正規雇用の人はいますし、正規雇用よりも長く働いている非正規雇用の人もいます。特に日本の場合、雇用形態にはっきりとした定義を設けることは難しいといわれています。

いってみれば、私たちは曖昧さを含む概念理解のもとで自分が「正社員である」とか「非正規雇用である」といった判断を行っています。そしてこの判断は、多少なりとも複雑な、そして非定量的な判断です。「労働時間」「契約期間」といった数的な基準だけで決めると、すぐに例外が出てきます。

もうひとつは、すでに少し触れたのですが、個体を分類する際の基準は、私たち一般人、あるいは研究者コミュニティの相場感覚に則って決められる、ということです。就業者のうち「非正規雇用」の割合を決める（非正規雇用の数を数える）ためには、当然私たちは「非正規雇用」が何であって何でないのかについての概念を持っています。非正規雇用のカテゴリーは、あくまで私たちの生活のなかで使用されている概念に即してカウントされるのです。つまり研究者も、社会生活のなかで人々が用いるこの質的な判断を参考にして、数量データを作り上げるわけです。*

＊もう少し突っ込んでいえば、「正規雇用」と「非正規雇用」の区別を直感的にしておくことで、その差を「身分」的なものとしておくことが可能になります。こうしておけば、労働時間が長くて仕事の質も正規雇用と違わないのに、賃金だけが低いという状態を維持できるのです。これを非正規雇用の「基幹化」といいます（本田一成、２０１０、『主婦パート：最大の非正規雇用』〈集英社新書〉）。

「そろえること」と「分類すること」は、類似した作業の別の側面です。分類するためには、同じカテゴリーに入る個体の特徴が類似していることが重要だからです。そしてその類似性の判定は、多くの場合、質的な思考プロセスにおいてなされるのです。

分類と機械学習

就業状態よりも分類作業が複雑になりがちなのが、職業カテゴリーです。

政府が行う統計のなかでも、職業について丁寧に情報を集めようとしているのが、５年に一度実施される「就業構造基本調査」です。調査票では、「仕事の内容」を記入する自由記述欄があって、そこには「『調査票の記入のしかた』を参考にして詳しく書いてください」とあります。『調査表の記入のしかた』はなんと16ページもあって、そのなかに**図3**（50〜51ページ）のような注意事項が書いてあります。

このやり方は、より妥当な分類を可能にするという側面もありますが、自由記述だけに記入する本人も、また集計する側も分類する際に大きな負担を強いられます。なにしろ、２０１７年の調査で対象者は約１０８万人いたので、膨大な量の自由記述を処理・分類しなければなりません。

この分類作業は、私たちの業界では「職業コーディング」と呼ばれていて、調査のあとの一大イベントです。社会学者が行う大規模調査のなかに、「社会階層と社会移動全国調査（ＳＳＭ調査）」というものがあります。最新の２０１５年調査では、有効回収数７８１７票でした。この調査でも十分にたくさんの職業自由記述データがあります。ＳＳＭ調査では、毎回多数の研究者を集めた「コーディング合宿」が開かれ、数十人の研究者が一堂に会して一つ一つの調査票から「この人はこれだろう」というふうに、職業のコードをあてはめていくのです。

職業コーディングは、現在ある程度自動化されるようになってきています。職業は、調査対象者が自由記述した職業情報のほか、性別・年齢などの基本情報、勤め先の企業規模、業種などの情報を総合的に判断して決定されます。この作業には、複雑ですが一定の傾向があるので、コンピュータ（ＡＩ）を使った機械学習によってある程度自動化できるのです。*

＊高橋和子・多喜弘文・田辺俊介・李偉、２０１７、「社会学における職業・産業コーディング自動化システムの活用」『自然言語処理』24（1）：１３５‐１７０

の書き方の例を参考にして記入してください。
「保育士」、「看護師」、「消防士」などと、その職名を記入し

おもな仕事（仕事をした時間が最も長いほう）の内容を一つ

技術的・技能的な仕事もしている人は、技術的・技能的な仕

病院の経営と内科の診療・・内科医師
食堂の経営と調理・・・・・調理

及び「本人の仕事の内容」の書き方の例》
まる項目を参考にしてください

商店・飲食店など			
浅田商店	遠州屋	日之出弁当	手打ちそば杵屋
菓子卸売	豆腐の製造小売	客の注文に応じて、弁当を調理して販売	日本そば屋
会計帳簿の記入整理	豆腐の製造	弁当の調理	調理

商品の種類、卸売・小売・製造小売の別がわかるように記入してください。

会社の支店・営業所・工場など			
岡本サッシ(株)仙台支店	田村化成(株)大阪工場	鈴木製作所(株)	佐久間印刷
アルミサッシ卸売	プラスチック製のカメラボディの製造	食品加工用機械製造業	印刷業
営業外務員	デジタルカメラボディの成形加工	旋盤による金属加工	チラシや雑誌の印刷

製品や取扱品の種類・材料・用途がわかるように記入してください。

【本人の仕事の内容】

●その事業所で、**本人が実際にしているおもな仕事の内容**を、右表

・**仕事の内容をいい表わす職名がある場合**は、例えば「教諭」、
ます。

・その事業所で、**二つ以上の種類の異なった仕事をしている人**は、
だけ記入します。
ただし、**経営・販売などの仕事のほか、調理・製造・修理などの**
事を記入します。

例　靴の修理と小売・・・・・靴の修理
　　薬の調剤と小売・・・・・薬剤師

《「勤め先・業主などの名称」、「事業の内容」
あなたの勤め先の業種にあては

	農業・漁業など			
勤め先・業主などの名称	中島町農作業センター	小林　忠	大山生産森林組合	鈴本漁業
事業の内容	農作業の請負	野菜の生産	育林	遠洋漁業
本人の仕事の内容	稲作作業	野菜の栽培	山林の手入れ	まぐろ船甲板長

事業所名などがない場合、事業主の氏名を記入してください。

	サービス業など			
勤め先・業主などの名称	(株)大井工業	田中ビルサービス(株)	若松クリーニング	大山レジャーランド
事業の内容	自動車の整備	ビル清掃業	クリーニング取次店	遊園地
本人の仕事の内容	板金塗装	ビルの清掃	洗濯物の取次ぎ	ジェットコースターの操作

図3　就業構造基本調査「調査票の記入のしかた」
https://www.stat.go.jp/data/shugyou/2017/pdf/kinyu.pdf

機械学習のなかには、人間が「正解」を定義したタスクを学習し、自動化するという機能が含まれます。たとえば迷惑メールの分類について考えましょう。迷惑メールは、「文中にＵＲＬ（http://……のようなアドレス）が書かれている」などの特徴がいくつもあります。ただ、迷惑メールではないふつうのメールにＵＲＬが記入されていることも、もちろんあります。実際には私たちは、ＵＲＬを含めていくつもの情報を総合的に判断して、「これは迷惑メールだ」という分類を行っています。

もちろん私たちは、どういう判断を経てその結論に至るのかをはっきりと理解しているとは限りません。ですので、「こういう場合には迷惑メール、ただしこれこれこういう場合には違う」といった条件づけを明確にプログラムすることは難しいです。そこで登場するのが機械学習――ここでは「教師あり機械学習 supervised machine learning」――です。たくさんのメールと、それをまず人が「迷惑メールかどうか」を判断した情報を入力し、判断に含まれるみえにくい傾向性を含めて学習させます。学習が一通り終わったら、あとはＡＩが複雑な処理を自動的にしてくれる、というわけです。

職業コーディングにおいても、ＡＩがさまざまな情報から判断した内容は、最終的には研究者によってチェックされ、少なからぬケースにおいて修正されていきます。このような社会調査における「職業コーディングの自動化」は、「分類する」という作業について二つのことを示唆しています。ひとつは、ある人の職業を分類するという判断は、通常のプログラミング（条件付き判断）ではなく、ＡＩが処理する必要があるほど複雑であるということです。もうひとつは、そこでも「正解」は人間が判断している、ということです。

分類そのものが研究対象になる

さて、これまでどちらかといえば「分類する」ことを調査者や研究者の仕事としてみてきました。これだけでも、**「数えること」が決して単純には理解できない活動**であることがおわかりになったのではないでしょうか。他方で、私たちは研究や調査から離れても、生活のなかですでに分類をしています。そこで社会学では、自分たちで対象を分類するだけではなく、「個々の人間が分類する実践」を研究することがあります。

ひとつ例を挙げましょう。アメリカの社会調査ではしばしば「人種と民族（race and ethnicity）」をカテゴリーとして、人々の数え上げ（調査統計）をします。ただ、アメリカの国勢調査における人種・民族カテゴリーの変遷については、「人種」という概念の妥当性、

「人種」と「民族」がどう違うのかという点を含めて、それだけで本を一冊書けるくらいの厚みのある情報と議論の蓄積があります。ただ、ここでは関係する点だけピックアップしましょう。

まず、人種や民族については、広く共有された定義があるわけではない、ということを確認しておきましょう。ましてや、専門家が何らかの客観的な根拠をもって分類基準を示し、それをもとに人々が分類されている、ということはありません。少し考えただけでも、見た目（肌、髪、目の色など）、出身地、言語、宗教や習慣など、人種・民族に関連する要素にはいくつかのものがあります。さらに出身地ひとつとってみても、自分なのか親なのか、それともそれより前の先祖なのか、父の出身地なのか母の出身地なのか、さらに「出身」とは何なのか（生まれたところか育ったところか）など、数多くのパターンがありえます。

そしてこれらすべての要素が一貫していることはむしろ稀でしょう。父親と母親の民族的出自が異なることも決して珍しくありません。また、いわゆる「ヒスパニック」というのは、しばしば中南米・カリブ海地域のスペイン語圏の出自を持つ者[*]という意味合いが強いのですが、肌の色はいろいろで、見た目にははっきりとした特徴があるわけではありません。そのため、ヒスパニックではない白人を指す言葉として、「non-Hispanic whites（非ヒスパニックの白人）」といった言い方もあるのです。

＊中南米でも、ブラジル（ポルトガル語）やハイチ（フランス語）などスペイン語圏ではない地域もありますから、「ヒスパニック」ではなく、「ラティーノ」というカテゴリーも使われています。

では、調査において回答者の人種・民族はどのように「決まる」のでしょう？　実はたいていの場合、回答者の自己認識に任せることになります。その人が自分を黒人（あるいはアフリカ系）だと考えていれば、そのとおりになります。

ではその自己認識はどのように決まっているのかというと、これまた簡単には説明できません。多民族国家といわれるアメリカにおいては、その決まり方、つまり「人々はどうやって自分の人種・民族を判断しているのか」についてのたくさんの社会学の調査研究があるくらいです。そのなかでアメリカの社会学が明らかにしてきたことは、人々の民族自認は民族間の勢力格差に大きく左右される、ということです。

民族自認については、かつては同化理論から派生する理論が優勢でした。同化理論とは、ある民族が支配する国に移民してきた他の民族（マイノリティ）は、支配的な民族のなかに入っていくことを望む、あるいはそうさせられる、という理論です。ここでは、肌の色、言語、宗教、文化などの面でマイノリティがマジョリティに類似している要素を持っていれば、同化が進みやすい、といった説明がなされてきました。

たとえば、ドイツ系の移民はたいてい白人でプロテスタント（アメリカで優勢なキリスト教の宗派）ですから、先にアメリカに定住していたイギリス出身の人々との「白人」カテゴリーへの同化が進みやすく、また「白人」はすでに支配的な地位にありましたから、ドイツからの移民も率先して「白人」として自分たちを位置付けようとしました。他方で、そのあとからやってきたイタリア系などのいわゆる「新移民」グループは、職業や宗教（主にカトリック）などの違いから、マジョリティの白人グループとは異なった民族だと認識されることがしばしばでした。

同化理論は、マイノリティは基本的にマジョリティの民族の仲間に入りたいと考えている、という想定をします。そして、高い社会的地位やマジョリティの言語の習熟が、マジョリティ民族への同化を強め、出自となる民族への同一化を弱める、という予測をします。

他方で、その後の民族自認の社会学的研究は、異なった説を提起しました。そのひとつが「民族競合」仮説です。この仮説によれば、高い社会的地位の獲得はむしろ出自の民族意識を高める、と説明されています。マジョリティの人々と同じ土俵に立つ（たとえば評価の高い大学に入る、給料の高い職場に就職する）ことである種の自信や余裕が生まれ、自分のアイデンティティとしての民族意識が高まる、というのです。

　同化理論と競合仮説のどちらがあてはまりやすいのかについては、一貫した結果はないようです。キューバ（スペイン語圏です）からの亡命者のアメリカにおける民族意識を研究したアレハンドロ・ポルテスは、量的データの分析を通じて、このケースでは競合仮説が妥当すると主張しました。[*] 中南米のスペイン語圏からの移民はしばしばヒスパニックとして一括して認識されることが多いのですが、キューバからの亡命者は比較的裕福であり、相対的に高い地位を獲得できたため、「キューバ系」としてのアイデンティティを強調するようになった、ということです。他方でフランスでは、学歴の獲得が自分の民族的出自へのアイデンティティを弱める傾向があると示唆する論文が発表されています。[**]

＊ Alejandro Portes, 1984, "The Rise of Ethnicity: Determinants of Ethnic Perceptions among Cuban Exiles in Miami", *American Sociological Review*, 49(3): 383-397. ポルテスの研究に興味を持たれた読者は、ぜひ翻訳書『現代アメリカ移民第二世代の研究』（村井忠政ほか訳、明石書店、２０１４年）

をご一読ください。
＊＊Thomas Bossuroy, 2011. “Individual Determinants of Ethnic Identification,” Working Papers DT/2011/06, DIAL (Développement, Institutions et Mondialisation).

日本でも民族カテゴリーに関する研究があります。すなわち、日本では「日本人である」という判断がどのような基準でなされているのだろうか、という研究です。社会学者の石田淳は、「社会的な合意による日本人の条件は、血統を基本的条件」としていると指摘しています＊。この場合の「血統」とは、両親が日本人であることです。

＊石田淳、２０１６、「『日本人』の条件：インターネット調査データを用いた社会的カテゴリー分析」『社会学評論』67（2）：１８２‐２００

このように社会学の計量研究では、民族が「人を数える際の前提となるカテゴリー」となっているのと同時に、人が民族を数える＝分類することこそが「説明されるべきこと」とされることもあります。「数える」ということ、そして「分類する」ということは、ともすれば研究者が厳密な定義をもとに、一般人に優先して行うことのように考えられるかもしれません。しかし、研究者が恣意的な判断基準で分類してしまうと、その結果得られたデータの妥当性が低くなってしまいます。この場合、研究者こそが一般の人々の考え方を参照すべきなのです。

「あちらを立てればこちらが立たず」

民族の例は、人間という個体のひとつの分け方＝数え方の例でした。私たちは、「アメリカには白人が○％いて……」のように簡単に記述できるように思ってしまいますが、実態はもう少しややこしいものでした。「数える」ということがいかに複雑な基準でなされているのか、私たちは常に過小評価しています。すでに長さの単位や貨幣の例で示したように、「数えること」の難しさは、個体を数え上げるタイプの数量化ではなくてもあてはまります。ここではより生活に即した別の例、「労働時間」について考えてみましょう。

労働時間の測定は、いろんな社会的文脈できわめて重要な数値を生み出します。たとえば「生産性」のひとつの計算方法は、生み出された利益を労働時間で割る、たとえば一人の労働者が平均して１時間に稼ぐ利益の大きさを指します。労働時間の測定がいい加減だと、当然生産性の数値もいい加減になります。

もちろん、労働時間の測り方は私たち一人ひとりにとっても重要な関心事です。現在の日本の法律では、賃金計算の際に休憩時間は労働時間に入りません。ですので、９時から17時までの勤務であいだに１時間のお昼休みがある場合、１日の労働時間は７時間になります。月給制の場合、これは普段気にしない数字でしょうが、育児休業の休業補償の申請時など、労働時間を記入することが必要になります。

ただ、労働時間の測り方にはグレーゾーンが多く、人によって理解が違っていることはよくありますし、それこそ法律解釈の対象になることもあります。お昼休み休憩の「電話番」、取引先への移動時間などですね。通勤時間は労働時間に入りませんが、取引先への移動時間は場合によっては労働時間に入ります。この判断はややこしいので、社会保険労務士などの専門家が法律や判例を参考にして行うことも多いのです。

さきほど、「量的データの多くは質的に決められる」という話をしましたね。労働時間の判断も、まさに質的な判断の積み重ねです。「専門家が決めている」という側面もありますが、専門家は他方で一般の人々の相場観を重視します。つまり、「さすがにそれはおかしいだろう」「常識からかけ離れている」という基準を作ったりはしません。あくまで基準は「一般の人々の感覚」にあります。それをより論理的に組み直して整理するのが専門家の仕事ですね。

ただ、ここでさきほどの「ベッドシーツ」の比喩を思い出してほしいのです。「あちらをそろえたらこちらがそろわない」という困った事態ですね。たとえば、取引先に車を運転して移動する場合、車での移動が命じられていれば労働時間になり、交通手段が決められていない場合には労働時間に入らない、という理解がされています。車の運転は、電車での移動などと比べて、移動中に自由な活動——たとえば読書やゲームなど——ができる余地が少ないため、命じられて車で移動した場合には拘束性が強くなり、労働時間にカウントされる、というのが理屈です。しかし運転をしない同乗者も同じく労働者として認められています。運転を交代する場合や、運転をアシストする作業などを念頭に置いているのかもしれませんが、グレーゾーンだという考え方もあるようです。

さきほど、民族カテゴリーの例を出して、社会学者は「一般の人々を数え上げて研究をする」だけではなく、一般の人々の「数え方」を研究対象とする、といいました。このことは、**専門家が何かを数えるときには一般の人々の数え方をまずは理解すべきだ、**ということを意味しています。ただここで注意してほしいのは、「数える」という作業を行う場合、それだけではダメなことが多い、ということです。というのは、一般の人の基準、あるいは相場観は、それこそ露骨に矛盾していることも多く、そのままでは集計の実務に使えないことがあるからです。

たとえば、シンプルな基準で労働時間を「そろえて」測定しようとすると、すぐに「例外」が出てきて、「そのそろえ方は適用できない」という話になります。一般の人々の考え方は内部に矛盾が多く含まれていますから、それを尊重するだけだと「数える」作業はできません。労働時間の例だと、「命令による車での移動は労働時間に含まれるのではないか」と会社の人がシンプルに考えていても、「同乗者の移動時間」のような例外がいくらでも出てきます。これも「数量化のジレンマ」のひとつの表れでしょう。

「例外」を考える想像力

こういった例外について事前に思い浮かべる想像力があるのは、むしろ専門家のほうだ、というのが私の意見です。数量的社会調査に長年携わっているベテラン研究者は、調査対象者が置かれたケースの多様性について非常に優れた想像力を備えています。

たとえば、調査経験が浅い学生にアンケート調査票を作成させ、そのなかで「結婚」についての質問を含ませることになったとしましょう。学生は「晩婚化」に関心があって、そのためのデータを集めたいと考えています。このとき、しばしば指導する教員と学生のあいだで次のような会話が交わされます。次の会話例は架空ですが、実際にもありそうな会話です。

教員「質問文と選択肢の案、作ってきた？」
学生「はい、最初は次のような感じです」
問　あなたは結婚していますか？　選択肢　はい／いいえ
教員「ええと、離婚や死別の経験については聞かなくてよい？　分析のときに必要ないのならいいけど、やるのは晩婚化の研究だったよね？　だったら、ずっと独身の人と、結婚経験があるけど調査時点では無配偶の人は分けたほうがいいんじゃないの？」

学生　「あ、そうでした。では選択肢を変えてみます」

改訂版選択肢　一度も結婚したことがない／結婚している／離別あるいは死別して現在は無配偶

教員　「オッケー。ところで、事実婚かどうかはどうでもよい？　回答者の判断に任せる？」

学生　「あ、事実婚ですか……。うーん、どうしましょう」

教員　「これは調査する人の判断次第だよ。含めてもいいのなら、はっきりそう書いたほうがいいね」

学生　「わかりました。では質問文を次のようにしてみます」

改訂版質問文　あなたは結婚していますか？　事実婚されている方も結婚に含まれます。

教員　「『事実婚されている方』とあるけど、離別あるいは死別の人もいるから、『事実婚されている（いた）方』のほうがいいかもね」

どうでしょう。質問文と選択肢の作り方は、一筋縄ではいきません。学生は最初シンプルに「分類」を考えていましたが、意外にややこしいことに気づいたはずです。

数えることのセンス

私たちが現実に置かれている生活というのは、ややこしいものです。ただ、そのややこしさは意外なほど一般には理解されていません。もうひとつ、シンプルにみえてややこしい例を挙げておきましょう。「子どもの数」です。

「え、自分の子どもの数を間違える人がいるのか？　曖昧なことなどないのでは？」といいたくなる人もいるかもしれません。しかし調査で子どもの数を知りたい場合、目的に応じて質問文の設計を変える必要があります。シンプルに「あなたには子どもが何人いますか？」と尋ねてしまうと、得られるデータは何の役にも立たなくなります。

もし「出生率」に興味があるのなら、対象を女性に限定して、「これまでに出産した人数をお答えください」になります。「少子化問題」に興味があるのなら、厳密には出生数ではなく成人した子どもの数をみたほうがよいでしょう（ただ、現在ではほぼ同じ数字になります）。もし出生率に興味があるが、特に妊娠経験に興味がある場合には、出産に至らない妊娠の数を知る必要があります。もちろんプライバシーに踏み込む調査になりますから、この種の質問はきわめて慎重にやる必要があります。単に「子どもの数」を尋ねてしまうと、自分では出産していないが同居している再婚相手の子どもや養子縁組の子どもが数えられることもあるでしょうから、少なくとも出生率の分析には使えなくなってしまいます。

　もし子育てに関心がある場合には、同居している小さな（たとえば6歳未満の）子どもの数を尋ねる必要があります。そうしないと、自分が子育てに関わっていない、離婚して別居している子どもの数までカウントされてしまうことがあります。

　調査というのは、調査する研究者の側でもコストがかかるものでもありますが、調査対象者に時間や心の負担をかけてしまうものでもあります。それなのに、いざ負担を引き受けてもらって得られたデータが分析に使えないとなると、調査に協力してくれた人たちに対して申し訳が立ちません。だからこそ、「数える」ということについてのセンス（良識、分別）を身につけなければならないのです。

第二章
比較のセンス

比較の欲望

私たちは、ことあるごとに「比べたい」という欲求を持っています。「自分の給料を他人と比べたい」「自分の成績を他人と比べたい」「日本の経済力を他国の経済力と比べたい」など、「比べる」ニーズを挙げればそれこそきりがありません。新型コロナの拡大の時期には、ほぼ毎日「感染者数と死者数の国際比較」に関する数値が報道されていました。

「比べる」ということは、しばしば「優劣」という概念と深く関わり合います。ですので、コンプレックスを刺激することもありますし、またコンプレックスのゆえに比べたくなるということもあるでしょう。コンプレックスとは字義通り「複雑」な感情状態です。自分や自国が優れていることを示したい欲求としても、それが劣っていることを示したい思いとしても表れます。

いわゆるナショナリズムの感情は、比較の欲求を刺激します。毎回オリンピックの時期になると、「参加することに意義がある」（初代国際オリンピック委員会会長クーベルタンの言葉）という理念が思い起こされますが、それにもかかわらず人々が一番関心を寄せるのはメダルランキングです。獲得メダル数が多いとその国が「豊かさ」の点で優れているとは限らないのは当然なのですが、それでも人々は自国選手のメダル獲得に、それこそ平均所得や幸福度を比較した数値よりも強い関心を示します。

このことはいろんな意味で不思議といえば不思議です。比較にもいろんなやり方がありますが、一部のスポーツゲームの勝敗はかなり不確定性が強く（スポーツ競技の結果が偶然に左右される話は第四章で登場します）、優劣の比較指標としてはきわめて不完全なものです。それでも、人は他のさまざまな国際比較指標よりも、オリンピックやその他国際大会での代表戦の結果に国としての優劣を結びつけやすいところがあります。

オリンピックのメダル獲得数のランキングは、いろんな意味で比較としては粗すぎる数字だということをもう少し説明しましょう。たとえば２０１６年リオデジャネイロ・オリンピックで一番多くメダル（金銀銅の合計）を獲得したのはアメリカ（１２１個）、ついで中国（70個）でしたが、いずれも多くの人口を抱えている国です。この点をそろえるために、一人あたりのメダル数のランキングをみてみると、１位はカリブ海に浮かぶ小国グレナダで、人口は約11万人、メダル獲得は銀メダル１個でした。したがって、11万人に１個のメダルです。２位はバハマ、３位はジャマイカで、いずれもカリブ海の国で、陸上競技でのメダルがほとんどです。アメリカは44位で約２６５万人に１個、日本は46位でおよそ３００万人に１

個です。もちろんカリブ諸国にはいいところがたくさんあるとはいえ、メダルの比較から「目指すべきはカリブ諸国」という結論にはなかなかいかないでしょう。

そのほかにも、金メダルと銅メダルを同じ1個として数えて比較していいのか、サッカーなどの団体スポーツのメダルと個人競技のメダルも同じウェイトでよいのかなど、比較のやり方のポイントはたくさんあります。柔道は、現在体重別に男女それぞれ7階級ありますから、金メダルだけで14個です。東京オリンピックではこれに男女混合団体戦の1個が加わりました。野球は大勢でチームを組みますが、チームは男性だけで24人登録されます。優勝すれば金メダルを一人ひとりもらえますが、統計的にカウントされるのは1個になります。

こうしてみると、「1個」をすべて同じものだと考えるのが難しいような気がしますね。しかしそう考えて、チーム競技とそれ以外を分ける、競技人口で重みをつける（サッカーなどの人気競技だと多めにカウントする）など、思い思いの「妥当な比較」を求めて数字をいろいろいじくっていると、無数の「メダルランキング」が出てきて、今度は「あれ、結局何がしたいんだっけ」となってしまいます。第一章では、「適切に数えようとすると、数えられなくなる」というジレンマが生じると述べました。比較についても同様のことが生じます。

「適切に比べようとすると、逆に比べられなくなる」というこのジレンマ、あるいはパラドック

スは、この章のあとの部分でまた触れますが、こちらもしばしば生じるものです。

もちろん、背後に複雑な感情があってもなくても、「比べる」ということ自体は第一章で取り扱った「数量化」と同様に、私たちの生活を豊かにする側面も大きいことは否定すべきではありません。それに、そもそも私たちの生活自体が、すでに「比べる」ための制度や装置に取り囲まれていて、それ抜きではもはや社会生活は不可能になっています。こういってよければ、私たちは多少理不尽でも比較から逃れられないのです。健康志向の人が食品添加物を嫌ってみても、ふつうに忙しい生活をしていると、それから完全に逃れることはできません。ならば、上手につきあっていくほうがいいですね。これと同じです。

この章では、「比べる」ことに関連して覚えておくべき事柄について述べていきます。第一章で「数量化」においても注意すべきことを述べました。私たちは、比べるために数量化をします。その際、数えるという重要な目的を優先するあまり、かなり不自然なことをしてしまいがちだ、という話をしました。

数量化は、いささか「仕方のない犠牲」を含んでいるものです。つまり、何かを数字に置き換えようと思えばどこかにひずみが生じる、それを認識することが重要だ、ということでした。では、「比べる」ことについては、どのような心構えが必要になるのでしょうか。この章では、比較に関しても同様の認識が必要だ、ということを論じます。

まず、比較は面倒で難しい作業です。いろんな条件をそろえないと、意味のある比較はできません。しかし他方で、あまりそろえすぎてしまうと、別のところでそろわなくなるというやっかいなパラドックスがあります。最後に、こういった難しさがなぜか数字の場合は認識されにくい、という問題があります。

以上の論点について、話をしていきます。

比較は難しい

国の比較から離れて、個人レベルの比較に話を移しましょう。私たちの多くが強い関心を持っているのが「収入」です。就職する前の学生も、就職したあとのビジネスパーソンも、パートナーが外で稼いでいて主に家事をしている人も、そもそも収入に関心がないという人は珍しいでしょう。ただ、収入をどうみるのか、どう比較するのかについては、さまざまな方法があります。しかし、一体どのような比較をすればベストなのでしょうか？

就職活動中の学生のなかには、企業ごとに異なる「初任給」に関心がある人が一定程度います。ただ、働いた経験のある人のなかには、初任給の数字に大きな意味を見出す人はあまりいないはずです。というのは、昇給のスピードが速い企業なら、初任給が安くてもすぐに高い収入を見込むことができるかもしれないからです。逆に初任給は多少高めでも昇給のスピードが遅い会社もあります。

では、しばしばインターネット上でも話題になる企業ごとの「社員の平均給与」をみればよいでしょうか。この場合、「給与」が何を指すのかを考えたほうがいいですね。時給でしょうか、月給でしょうか。月給といっても、各種手当を含まない基本給はまた別でしょう。それに、月給とは別に支払われるボーナスはだいたいどれくらいでしょうか。

多くの場合、手当やボーナスを含めた、１年間に会社からもらえる額（年収）をみるほうがいいようです。ただ、社員の平均年収の比較にもかなり強い留保がつきます。もしその会社が比較的若い社員で構成されている場合、その会社の社員の平均年収はそれだけ低くなるでしょう。年齢構成がそろっていない会社の平均年収を比べても、それほど意味がありません。

では、年齢をそろえた上で年収の比較をすればいいでしょうか。たとえば「30歳の社員の平均年収」などです。これも、さきほどの昇給スピードを度外視していますから、「自分は

30歳前後でしか働かないから」という人でなければ、ちょっと怖いですね。結局、もし新卒から定年まで勤め上げたら総額でどれくらいもらえるのか（生涯年収）を比較するのが穏当かもしれません。しかしもちろんこれも万全ではないです。すごくきつい働き方をさせられる企業の場合、離職する可能性は無視できません。いくら期待される生涯年収が高くても、それは「もし厳しい環境をサバイバルできたら」という条件付きになってしまいます。

結局、どんな数字を比較したらいいのかという問いに最も誠実に答えるとすれば、「ケース・バイ・ケース」ということになります。自分がどういうシチュエーションで、どういうライフプランを持っていて、どれくらいのきつい働き方を受け入れるのかなどに応じて、比較の方法が変わってくるからです。**比較は不可能ではありませんが、有意味な比較をしようとすれば、考えられているよりも複雑な作業が必要**なのです。

比較はややこしい

比較の難しさの話をもうしばらく続けましょう。今度は学術的な研究を題材にした話です。

筆者の主な研究分野は「家族や働き方に関する計量研究」です。そこでは、家族や世帯の長期的な変化が重要な研究対象となります。よくトピックになるのは、「直系家族」の話です。「直系」というのは、きょうだい関係を挟まない親族関係です。自分を起点とした場合、自分の親、その親（祖父母）、そのまた親（曽祖父母）、そして自分の子ども、その子ども（孫）、そのまた子ども（曽孫）は直系親族です。

直系家族とは、この直系のつながりが軸となった家族のことです。これと対比されるのが、夫婦関係が軸となった夫婦家族あるいは核家族です。直系家族のひとつの特徴は、子（たいていは長男）が結婚しても親の家を離れず、同居し続ける傾向が強いということです。

一般的には、直系家族はかつてより減少し、核家族が増えてきた、という見方がなされています。なぜなら、家業をなりわいにした家族が減り、家族関係が親子のつながりから夫婦のつながりを重視するように変わってきて、子ども夫婦家族の独立性を守るために、結婚したら親と別居する人が増えたからだ、といった理解がされています。

では、直系家族の衰退を数値で示すためにはどうしたらいいでしょうか。「直系家族の割合の推移をみればよいのでは」と思いますよね。「推移をみる」というのは、要するに期間（年）ごとの数値の「比較」をすることです。割合が減っていれば、直系家族が減少している、ということです。とりあえず出発点としてはこれで大丈夫でしょう。しかし先があります。

まずは「減る／増える」ということの内実です。「直系家族の推移」というとき、何が減ったり増えたりするのでしょうか。シンプルな答えは「日本の世帯全体に占める三世代同居家族の割合の比較」ですが、このやり方ではみえなくなることもあります。

そもそも直系家族衰退論には、「同居規範の弱まり」という考え方が含まれています。「結婚しても親と同居すべきだ」と考える人が減ったのではないか、という推測ですね。この価値観の変化が行動に反映して直系家族の減少につながったのではないか、ということです。そうであれば、比べるべき数字は変わってくるはずです。たとえば、「結婚して親と同居するかどうかの選択がある人のなかで、どれくらいの人が実際に親と同居したのか」という数字です。というのは、「親と同居するかどうか」の選択肢に直面していない人にとっては、「親と同居すべきだ」と考えているかどうかは実際の行動に反映しようがないからです。

マンションを購入した人の数が増えたかどうかという話と、実際に一軒家を買うかマンションを買うかの選択に直面してマンションを買った人が増えたか、という話は別ですよね。もし多くの人の所得が減っていたり、あるいは何らかの規制でマンションの供給が減少していたりすれば、いくら「マンション志向」が非常に強くなっていても、実際にマンションを購入する人は減るかもしれないのです。

「結婚して親と同居するかどうかの選択」に直面するためには、まず結婚しなければなりません。極端な話、直系同居規範がどうなったかにかかわらず、結婚する人がいなくなれば結婚後の同居もなくなります。未婚化が急激に進んできた日本で、この条件が「一定」だと考えることは当然できません。さらに、自分が結婚したときに少なくともどちらかの親が生きているか、生きていても他の人と同居していない状態である必要があります。自分のきょうだいがたくさんいる場合は、それだけ上記の選択に直面する機会が減る、ということです。なぜならすでに他のきょうだいが結婚して親と同居しているかもしれないからです。少なくとも現代の日本社会で、親が結婚している複数の子と同居することはまずありえないですね。同時に同居できる有配偶の実子は、通常一人だけです。

最後に注意すべき点として、「結婚して親と同居するかどうかの選択がある人のなかで同居した人の割合」をみる場合、たいてい女性はこの選択に直面しない、ということがあります。というのは、親というのはこの場合自分の親であって、配偶者の親ではないからです。いずれにしろ基本的にこの数字は50％を超えることはありません。超えるとすれば、夫と妻の親がこの夫婦と同居するケースが相当数いる、ということになって、これはもはや直系家族ではないからです。もちろんですが、夫と妻の両親が同居するというケースは日本ではほぼありません。

さて、この時点で「もうお腹いっぱい」と感じる方もいるのではないでしょうか。でも残念ながらこれで終わりではありません。「適切な（有意味な）比較」への道のりはまだまだ長いのです。

まず、さきほど「結婚して親と同居するかどうかの選択に直面する人」といいましたが、なかには「結婚後しばらくは別居だが、親が高齢になったら再同居する」人もいます。この人たちを考慮に入れるのなら、次のような数字のほうがいいかもしれません。すなわち、「（結婚直後でなく）結婚生活のなかで親と同居するかどうかの選択がある人のうち、どれくらいの人が親と同居しているのか」です。

これはなかなかによい指標ですね。ここまで来れば、最初のシンプルな数字の問題点がいくつか解決されます。そもそも「世帯全体に占める直系（三世代同居）家族の割合」の数字は、親世代の寿命に大きく左右されるという重大な欠陥もありました。もし親世代の寿命が短いのなら、親と同居したくても（存命ではないので）同居できない期間が長くなり、全体として直系家族の割合は小さくなります。これが戦前の直系家族割合がそれほど高くなかった理由のひとつです。

ただ、問題もあります。「将来のことはわからない」ということです。現在親と同居していない人たちのなかには、将来はするだろうなと考えている人と、このまま別居だろうと考えている人がいます。前者が多ければ、現在の数字だけをみることで直系家族の変化を低く見積もってしまうかもしれません。

さらに、離婚した人をどうするかという課題もあります。ある女性が結婚後いったん親元を離れたが、離婚後に子どもを連れて自分の実家に戻ってきたとしましょう。いちおう三世代同居ですが、このグループも数字に含めてよいのかどうかは考えなければなりません。

視点を変えて、親の立場から数字を作るという手もあります。つまり、「結婚している子と同居するかどうかの選択肢がある親のうち、どれくらいが実際に同居しているか」です。これだときょうだい数の問題は（少なくとも表面上は）なくなります。ただ、この選択肢に直面するには「存命で結婚している子が少なくとも一人はいる」といった条件があります。

比較するためのデータがない

ここでとりあえずいったん、比較のための作業を中断しましょう。ややこしい条件をたくます。

さんクリアしないと、比較が有意味にならないということは十分に示すことができたと思います。

特に親と有配偶子の同居の数字は、人口学的条件に影響されます。長寿化は同居するかどうかの選択肢の機会を増やし、反対に未婚化や出生率の低下（したがってきょうだい数の減少）は選択肢を持つ人の割合を減らします。せめてこれらの条件をそろえた上で比較しなければなりません。

しかしここで、これまで言及しなかったやっかいな問題が出てきます。それは、「データがない」（データ制約）という問題です。

上記のようにいろいろ工夫して、比較可能な数字の算出方針を考え出したとしましょう。ここでは分母を「有配偶の子どもがいる親」にして、そのなかで何割が実際に子と同居しているのか、年ごとの推移をみることにしましょう。

しかしこのように方針を決めたところで、実際にこの数値を計算することは、現在得られる統計だとかなり困難です。シンプルな数字ならば国勢調査のデータを使って算出できますが、さきほどのようにややこしい条件をつければつけるほど、それに対応した調査データが少なくなっていきます。国勢調査には１００年の歴史がありますが、国勢調査は世帯調査であって、家族調査ではありません。同居人に有配偶子がいるかどうかはわかりますが、別居している有配偶子がいるかどうかはわかりません。

日本家族社会学会が行っている「全国家族調査」は、別居子を含めて詳しく情報を聞き取っている、家族に関する総合調査です。このデータであれば、ある程度は複数の条件をクリアした状態の数字を作ることができます。しかし問題は、この調査は最も古いもので1999年時点のデータしか得られないことです。せめて戦後からのデータが欲しいところですが、数十年にわたって複雑な（別居子を含めた）家族状態を観察したデータは、少なくとも日本には存在しません。

以上のように、**有意味な比較をしようと条件をそろえていくと、それだけ対応するデータが少なくなるというジレンマ**があります。ただ、このデータの制約という問題は、比較を行おうとする研究者について回る宿命のようなものです。つまり、数字を用いて比較研究をするならば、最初に受け入れなければならないことなのです。調査統計が整備された現代でも、人々のややこしい状態を調査したデータは限られています。もし網羅的に調査をしようとするのなら、莫大なお金がかかるか、できたとしても今度は調査拒否が増えて偏ったデータになってしまいます。第一章で触れた「ベッドシーツ問題」ですね。

質的研究と比較

実はベッドシーツの比喩は、私ではなくて知り合いの研究者から拝借したものです。私は数量データを用いて研究する研究者なのですが、数量データではなく質的データ（たとえばインタビューデータ）を用いて研究する人と、お互いの研究の世界の内情や考え方について対談をしたことがあります。[*] 対談相手は、沖縄研究が専門の社会学者、岸政彦先生でした。

＊岸政彦・北田暁大・筒井淳也・稲葉振一郎、２０１８、『社会学はどこから来てどこへ行くのか』（有斐閣）、第４章「質的調査と量的調査は対話可能か」。この対談はウェブでも公開されています。「『比較しろ』って簡単に言いますけどね――質的調査VS量的調査　岸政彦×筒井淳也」
https://synodos.jp/society/19195

岸先生は「ライフヒストリー」というアプローチを用いて、人々の人生についての聞き取り調査をしています。対談を始めてしばらくして、「比較」が話題に上りました。岸先生は、やはり質的研究を行っている研究者――岸先生のパートナーの齋藤直子先生です――の経験した話を持ち出しました。齋藤先生が自身の研究分野である被差別部落の報告を学会でしていたとき、別の研究者から「在日朝鮮人」差別との比較をしたらどうか、といわれて「腹立たしく感じた」というエピソードを紹介しました。実はわたしもその場にいたのですが、たしかに齋藤先生のリプライは、少しイライラした口調だったと記憶しています。

「比較してみれば」というコメントに対して齋藤先生が感じたこの腹立たしさの感覚は、少しわかりにくいかもしれません。私は、今ではなんとなくわかった気がしています。ただ、このときはまだわかっておらず、「なんでこんなにイライラしているのか」と疑問に感じていました。岸先生は、対談のときに次のように語っています。

「比較しろって言うけれど、それは、ベッドのシーツの片方がずれることに似ていると思うんです。三つの隅っこを合わせてみても、残りのひとつは絶対ずれてしまうようなかんじでしょうか」

それに対して、岸先生の真意がよく理解できていなかった私は、直後に「うーん。あんまり良い例えじゃないような（笑）」と失礼な返しをしているのですが、今では少し理解したつもりでいます。

　下手な言い訳が許されるのならば、実は「比較の難しさ」については当時の時点の私も十分に「知っていた」はずなのです。というのは、少なくともこの章で述べてきた比較に関する困難を、研究人生のなかで何度も経験していたからです。ただ、数量データを用いる量的研究とそれをあまり用いない質的研究の差に気をとられて、上手く想像力が働かなかったのでしょう。

　ライフヒストリーなどの質的研究は、「解像度」が非常に高いデータを扱います（解像度というのも岸先生の表現です）。わかりにくければ、より「きめ細かい」と言い換えてもよいでしょう。一人ひとりの人間は、1回きりの人生を送ります。その1回性は、無理やりに量的な研究の語彙を使えば、きわめて多様な要素のオリジナルな絡み合いによるといってもいいでしょう。多様な要素とは、ある特定の時代、特定の地域、特定の状況などに含まれるいろんな違いのことです。加えて、たとえ同じ時代・同じ地域で生きていても、さらに同じ親に育てられていてさえ、人生は実にさまざまです。

　もちろん、それでも人の人生は、丁寧に記述することで十分に理解可能なものになります。ただ、その「人生」を他の人の「人生」と比較するとなれば話は違ってきます。複雑な絡み合いを捨象し、思い切って単純化しなければなりません。もちろん、そのことによってみえてくることもあります。でもそうして解像度を落としてしまうと、今度はその人の人生にとって重要な経験が上手く理解されなくなってしまうでしょう。単純化は研究において避けて通れない面もありますが、度が過ぎれば「間違った記述」、あるいは「意味のわからない記述」に終わってしまいます。

ここまでくれば、先の齋藤先生の苛立ちも理解できるでしょう。解像度の高いデータを地道に集めてきて丁寧に報告しているのに、「比較してみたら」とコメントされてしまうと、自分の研究の厚み・重み・きめ細かさを軽くみられてしまった、と感じてしまうのも無理はありません。

比較のパラドックス

計量研究における比較の話に戻りましょう。さきほどは、直系家族の研究を例にとって、有用な比較（通時比較）を行うためには詳細なデータが必要になるが、長期の変化を観察したデータはたいてい詳細な情報を含まないためにデータの壁にぶつかる、という話をしました。これが比較のひとつ目の問題、すなわち「データ制約」の問題です。

長期変化は縦向きのデータの広がりですが、横向きの広がり、すなわち同時代の多様な社会を観察したデータが必要な場合も、同じデータ制約の問題があります。ただ、過去にさかのぼってデータを得ることは不可能ですが、現在ならば（コストはかかりますが）不可能、というわけではありません。この意味では、比較におけるデータの制約は時間変化をみる場合のほうが深刻であるといえるでしょう。

もうひとつ、より本質的な問題が残されています。これは、「質的研究と比較」のところで触れた問題とよく似たものです。

仮にデータの制約がなく、戦後70年間の家族に関する詳細なデータを入手できるとしましょう。そうすると、さきほどの「結婚している子と同居するかどうかの選択肢がある親のうち、どれくらいが実際に同居しているか」が、信頼できるデータで計算できるわけです。

たしかに上記の限定は、長寿化・少子化・未婚化といった人口学的な変化の影響を考慮しています。親を基準点にしていますので、有配偶子を基準点にしたときの長寿化が比較に偏りをもたらすという問題はクリアできています。少子化の影響も同様です。

しかし、それでもまだ十分に「そろっている」とはいえません。子どもが多かった――したがって結婚している子どもの数も多かった――１９５０年代の親世代と、子どもがいても一人か二人の場合が多い２０１０年代の親世代――しかも子世代の未婚化が進んでいます――を比べるわけです。「結婚している子と同居するかどうかの選択肢がある親」に対象を絞ったとしても、１９５０年代の親のほうが明らかに有配偶子の数が多いでしょう。そうすると、２０１０年代のほうが客観的な同居条件が厳しく、たとえ「親と同居すべき」という意識に変化がないとしても、実際の同居は少なくなる可能性があります。特に１９６０年代以降は子どもが進学・就職で大都市部に移動してしまうことも多く、同居の条件はますます失われています。

したがって比較の対象はまだまだ不ぞろいなのです。もっとそろえるならば、いっそのこと「有配偶の子どもが一人いる（一人しかいない）親」に限定してみるという手もあります。「有意味な比較」をするために、ずいぶんと限定を加えてきましたね。なんとも長い道のりでした。

ここまで限定してしまうとデータ制約問題をクリアすることは絶望的なのですが、ここではさきほど述べたように、それは幸運にもクリアされていると仮定しています。しかし、他方でもうひとつの問題がはっきりとみえてきます。

比較対象を「有配偶の子どもが一人しかいない親」に絞った場合を考えてみましょう。明らかにこのような親は、１９５０年代では珍しい存在でした。これに対して２０１０年代では「当たり前」です。一方では珍しい存在、他方ではありきたりの存在です。いくらカテゴリー上の条件が「そろって」いても、この二つのグループが家族研究上「同じ」であると判断するのは、ちょっと無理があります。

もしかすると１９５０年代に「有配偶の子どもが一人しかいない親」であった少数派のグループは、子どもを少ししかもうけなかった何らかの事情を持っていたのかもしれません。あるいは、「少なく生んで大事に育てる」という、ある意味で進歩的な考え方を持つ人だったのかもしれません。そうすると、子との同居についてもその事情や考え方が影響するでしょう。いずれにしろ１９５０年代のグループは「他と違う」わけですから、表面上のカテゴリーが同じでも、社会全体のなかでは「他と違わない」２０１０年代のグループの人たちとは異質なのです。そろえようとがんばって対象を限定したために、社会全体のなかでの位置付けが特殊になってしまったのです。

以上のように、**「比較のためにがんばって条件をそろえたのに、そのために逆に意味のある比較ができなくなる」という困ったジレンマ**が出てきました。これを本書では、**「比較のパラ**

ドックス」と呼んでおきます。このパラドックスは、まさに端がそろわないベッドシーツの問題ですね。

すべては絡み合っている

時代の比較でも社会の比較でも、環境Aと環境Bで「同じ条件」にあるグループを限定して抽出するとき、その限定条件を絞り込めば絞り込むほど条件はそろうのに、そのグループは全体のなかでの位置付けが異質なものになってしまいます。それは結局、環境Aと環境Bが異質だからです。異質な社会で同質な——あるいはカテゴリー分類でそのようにみえる——グループをそれぞれ抽出すれば、当然それぞれの社会のなかでの意味は違ってきます。

これは人生でも同じです。Aさんの人生とBさんの人生はきわめて異質です。この異質な人生から、条件を絞った「同じ」経験、たとえば「差別された経験」を取り出してみても、その経験の意味は全く異質なものになるはずです。なぜなら、差別の意味はその人の人生全体との関係において理解できるものなので、人生が異質ならば差別の意味も違うからです。内実が違うものを比較しても、あまり意味がないですね。

家族とは別の例として、価値観と学歴の関係について考えてみましょう。一般的に、男女平等の価値観は高学歴者のほうが強く持っているといわれています。そこで、学歴をそろえるために、大卒グループに絞って50年間の価値観の変化をみるとしましょう。１９６０年代の大卒グループと、２０１０年代の大卒グループのそれぞれの価値観を「比べる」わけです。データの制約問題がクリアされているとして、以上の比較には問題がないでしょうか。

やはり、１９６０年代の大卒と、２０１０年代の大卒は「同じ」グループとはちょっといいにくいですね。１９６０年代の大学進学率は10％台でした。２０１０年代には50％を超えています。社会全体のなかでの大卒の位置や意味は、同じであるとはとうていいえません。したがって、時代ごとの大卒者の価値観の変化を数値化したとしても、「同じ大卒グループの価値観の変化」といってしまえるかどうかは微妙になります。

「学歴」でも「差別経験」でも「家族」でも、一見同じカテゴリーに入る集団が、その実、異なっている、ということはむしろ自然なことです。それは、私たちの人生や社会において、ある部分は他の部分との関わりにおいて意味を持つからです。これは、１９６０年代のフランスで生まれ、その後学問の世界に浸透していった「構造主義」と呼ばれる考え方でも強調されています。ある概念やカテゴリーは、それ自体で理解可能になる自己完結的なものではなく、他の概念・カテゴリーとの関係の中ではじめて理解可能になります。類似の考え方は、哲学の認識論と呼ばれる分野では「全体論（ホーリズム）」と呼ばれています。

たとえば「学歴」は、学力、能力、地位、選抜、資格、就職など、それに関連するさまざまな要素との関係があります。というよりも、その関係こそが学歴の意味なのです。このことは、試しに学歴とこれらの要素とを切り離していくとわかります。「学力が同じで学歴が違う」「就職先の企業規模が同じで学歴が違う」など、形式的なカテゴリー上では人々のグループを分けていくことができます。もちろんこれくらいならば、まだ意味が通じるでしょう。しかしこれを続けていくとおかしなことになります。というのは、最終的には「その他の要素が同じで学歴だけが違う」という奇妙な状態を想定しなければならないからです。「学力も、能力も、親の所得も、資格も、就職先も、そして名誉も、すべて同じで、学歴だけ違う」といわれても、それはもはや有意味な学歴概念ではありませんね。

数字の魔力

ある概念・カテゴリーは、その他の要素との絡み合いのなかでこそ意味を持つ、という話をしました。ここで、比較の話からはいったん離れて、数字が持つある力について話をしておきます。

私たちは通常、ある概念をそれと関連する概念と関わらせて理解します。そして実際の行動や社会の仕組みも、この概念連関を反映しています。ただ、ある概念、あるいはそれを表現するための言葉は、周囲の文脈を離れて漂うこともあります。

この傾向は、自然言語よりも数字において顕著です。**数字には奇妙な魔力があります。**数字がいったん示されると、その数字が算出される際の複雑な思考と作業、それらと結びついたいろんな概念が背後に隠れてしまい、シンプルで解釈の余地がないものとしてみえてしまうのです。

もちろん文脈から離れて漂ってしまうことは、数字ではない他の概念でもしばしば生じえます。「言葉が独り歩きする」という事態です。むしろ言語的な概念については、これは常態だといえるでしょう。哲学的には、概念がそれ自体で同一性や理解可能性を保持するという考え方こそが間違っていると考えられることが多くなりました。フランスの哲学者ジャック・デリダは、「パロール（話し言葉）」と「エクリチュール（書き言葉）」という概念の対比で、このことを示そうとしました。話し言葉では、話し手がその場で聞き手にもなるので、概念の同一性が想定されやすいのに対して、書物などに書かれたことは時間と空間を超えて、したがって全く異なった文脈で自由に解釈され、書き手の思惑をたやすく超えていきます。デリダは、エクリチュールのようなあり方がむしろ根源・出発点なのだと主張し、同一性を出発点とする西欧哲学の伝統から距離をとることを提案したのです。

　エクリチュールという考え方からわかるように、概念と概念との連関は、その結びつきが緩くなることもあります。ひとつ例を挙げましょう。「ハラスメント」という言葉は、当初の概念理解からいささか解き放たれて、かなり拡張的に用いられるようになりました。セクシュアル・ハラスメントやパワー・ハラスメントならばまだ限定された意味になるでしょうが、今や「オワハラ」（就活終われハラスメント）や「スメハラ」（スメル・ハラスメント）といった多様な用いられ方をしています。これを専門的にはコンセプト・ストレッチング（概念拡張）といいます。

　繰り返しますが、概念とはさまざまな連関のなかで理解されるものです。セクシュアル・ハラスメントという概念には、「立場を利用した性的嫌がらせ」という意味合いがあります。このうち、「立場を利用した」という概念は、「はっきりと断りにくい（言い出しにくい）」という概念に緩く結びついています。さらに「嫌がらせ」という概念は、受ける側からすれば

「嫌な経験」という概念としても理解可能です。このような緩い連関があるために、「立場を利用した嫌がらせ」という意味が欠けていても、「はっきりと指摘しにくい嫌な経験」のことをハラスメントと呼ぶことが徐々に受け入れられていきます。血液型をネタに性格を決めつけられることを一部で「ブラハラ」（ブラッドタイプ・ハラスメント）というそうですが、これなどはその例でしょう。

ただし私たちは、「言葉とはそんなものだ」「解釈の余地が大きいのだ」「意味が変わるのだ」ということを、頭のどこかでは理解しています。概念が緩いからこそ意味が文脈から乖離して変化しますが、緩いからこそそれに対する「構え」もできやすいのです。これに対して、数字の意味は必ずしもそのようにバランスよく理解されているとは限りません。

数字の魔力は、**数字そのものについては解釈の多様性がないように「みえる」**ことによってその力が強くなっていくことに特徴があります。たしかに、「10」といわれれば、すべての人がそれを「10」だと理解しますね。解釈の余地はそこにはないように思えてしまいます。実際には、「10」の背後に複雑な情報が絡み合っているのに、です。

数字の独り歩き

背景の事情が隠れやすいことで、数字はたびたび独り歩きします。

第一章で触れた「職業分類」の例で説明しましょう。職業は基本的に「仕事の内容」ですから、複数の業務をこなす人がいれば、あてはまるカテゴリーが重複することになります。このような場合、たいていは「就業構造基本調査」のように「主に」行っている仕事をもとに分類をします。

このやり方は統計上ある程度は仕方がないのですが、気をつけないとまずいことになります。たとえば「電話応接事務」を行っている人がたくさんいても、それを何らかの別の「主な」仕事のサブ業務として遂行している人が多ければ、統計上は「電話応接事務員」の数は少なくなります。そうすると、集計された数字をみた人は「電話応接事務」の仕事はほとんどないのだな、と思ってしまうかもしれません。これも数字の独り歩きの重要なケースです。

極端な架空の計算をしてみましょう。主な仕事に6時間、サブとして電話応接に4時間を費やしている人が10人いたとしましょう。全体の仕事量は１００時間、そのうち40時間（40％）は電話応接事務です。ところが、職業統計としてこれをみると、「電話応接事務員」の数は10人中０人、つまり０％です。

要するに、職業統計は「人」の統計なのであって、実際の仕事の分布を反映した統計ではないのです。職業統計のこの特徴、あるいはクセを知らなければ、「電話応接の仕事ってもうなくなってしまったのか」という間違った判断をしてしまいかねません。背後にある分類作業の特性を適切に理解する必要があることが、この例でよくわかると思います。

以上は、数字が集計を介して「独り歩き」するケースです。数字はメディアを介して独り歩きすることもあります。

２０２０年１月からの新型コロナ感染拡大に伴い、厚生労働省の新型コロナウイルスクラスター対策班の西浦博北海道大学大学院教授（当時）は、記者会見で「人の接触機会を８割減らせば、２週間後には感染者の増加を減少に転じさせることができる」という試算を発表しました（日経新聞２０２０／４／４朝刊）。西浦教授の専門は「感染症数理モデルを利用した流行データの分析」で、専門的な計算に基づいてこの「８割」という数字を導いています。

ただ、その受け止め方はさまざまだったようです。西浦教授が意図していたのは、人と人との接触です。しかしこの「接触」が具体的にどういうものなのかは、少なくとも報道では示されていませんでした[*]。外出する人の数なのか、出勤する人の数なのか、電車を利用する人の数なのか、移動する人の数なのか、このため、何を8割減らすのかについて曖昧な解釈が広がりました。なかには、いちばん重要な接触という概念を外してしまった理解もあったようです。

＊西浦教授は、「一人の人が相手と1m以内の距離で2〜3往復の会話をしたら、1接触と数える」「一人の人が相手と握手をしたら、1接触と数える」という方法を提案しています。
https://note.stopcovid19.jp/n/n1d0745601527（2020／4／26閲覧）。

感染症が問題になっているのだから、根本的に人と人との近距離の接触が大きな焦点となることは、考えればわかるはずです。しかし、街を歩けばほとんどの人がマスクをして感染を気にしているのに、近接距離で一定時間会話をする人は後を絶ちませんでした。「8割」という数字が独り歩きするなかで、そこに込められた重要な警告が薄まってしまったのかもしれません。

もうひとつ簡単な例を挙げましょう。出産の際に雇用されている人が継続的に就業することを支援する仕組みとして、育児休業制度があります。日本では、育児休業制度を利用する男性の割合が低いことが社会的な問題となっています。ただ、育児休業制度を利用する男性の割合は年々上昇しており、１９９６年度には０・12%だったのが、２０２１年度には13・97%までになっています[*]。

＊厚生労働省「令和３年度雇用均等基本調査」より。

しかしこれは、あくまで「取得者」の割合です。取得期間となると全く異なった数字が現れます。女性の約半数は10～12ヶ月取得しているのに、男性は半数程度が１～４日しか取得しないのが現状です。こうしてみると、男性は「ほとんど育児休業制度を利用していない」といったほうが正確でしょう。このような内実をみることなく、「取得率13・97%」という数字が独り歩きしないように気をつける必要があります。

どう比較すればいいのか

この章では、「比べる」ことに伴う二つの問題について説明してきました。ひとつはデータの制約、もうひとつは比較の前提となる「そろえること」に伴うパラドックスでした。

ただ、こういった問題はありつつも、「比較することはそもそも不可能か」といわれれば、そんなことは全くありません。「数える」ことと同じです。私たちは現に、生活のなかでさまざまな比較をして、それを有意味なこととして受け入れています。**すべての比較が有意味ではないし、すべての比較が無意味でもありません。**本書のキーワードとなっている〈センス〉という言葉の意味を思い出してください。それは、「分別を持つ」「わきまえる」といった意味でした。「制約や限界を考慮しながら判断する」ことが分別なのであって、「問題があるならそもそも何もしない」ことは分別ではありません。

データの制約については、さしあたりベスト・エフォート原則に準拠すべきでしょう。家族研究の分野では、信頼できるデータが乏しい前近代社会の家族を、現存する資料でなんとか再構成しようという研究が蓄積されています。家族社会学者の中島満大先生は、徳川時代の宗門《しゅうもん》改帳《あらためちょう》を用いて、この時代には子どもが20歳の時点で両親が存命であるのは全体の約48%だったことを示しました。* 用いられた資料は江戸後期の「肥前国彼杵郡野母村」のものであり、信頼度や代表性の点で現在の社会調査データと同列に並べられるかどうかは未知数です。それでもこの研究は、わずかな手がかりを最大限に活かして重要な知見を導き出しており、高い評価を得ています。

＊中島満大、２０１８、「宗門改帳からみた〈家族〉の実現性」『社会学評論』69（3）：２８７‐３０２

「比較のパラドックス」については、これを回避する確固とした方針はやはりありませんが、ガイドラインのようなものは考えることができます。このパラドックスが生じやすいのは、異質な社会（たとえば同時代の異なった国、同じ国の異なった時代）や人について、概念名称上では同じカテゴリーや経験（たとえば「大卒」「差別」）を用いて比較するときです。「名前」も数字と同じく、独り歩きしやすいのです。

このようなときは、そもそもその比較に意味があるのかどうかを、概念とそれに関連するさまざまな要素を考慮することを通じて判断する必要があります。カテゴリーの名前が同じものを指しているようで、驚くほど異なった状態を表していることはよくあることです。

比較に伴うこのような問題に対して、分別のある向き合い方ができさえすれば、比較することは物事を理解するという知的実践の大きな武器になりえます。この章で述べたことを念頭に置いて、「センス」のある比較が増えることを願います。

さて、何かと何かを比べたあとは、そこにある違いが何によって生じたのかを知りたくなるかもしれません。「何が〈違い〉を生むのか」という問いは、統計学ではしばしば因果推論の問いとして考えられています。第三章でこの「因果」について考えていきましょう。

第三章

因果のセンス

統計学の三つの潮流

ここ最近の統計学には、三つの大きな動向を見出すことができます。ベイズ主義の復活、計算機科学（コンピュータ・サイエンス）との融合、そして統計的因果推論（以下、省略して因果推論とも）の枠組みの浸透です。

この章で扱う統計的因果推論は、昨今の「統計学ブーム」のひとつの原動力になった考え方です。その掛け声は、**「相関関係と因果関係は違う」**というものです。両者を混同しがちな一般の人に対して、「今はこんなふうにして因果関係（因果効果）を明らかにしているのですよ」といった解説をするような書籍がベストセラーになることも珍しくありません。

ただ、残念ながら本書はそういったメッセージを伝えるものではありません。因果推論とはそもそも何であるのかを理解することで、それを適正に位置付けよう、という趣旨で書かれています。その上で、**因果を数量的に捉えようとするときにどういう〈分別＝センス〉が必要になるのか**、について考えてみたいと思います。

とはいえ、しばらくその話は置いておきます。まずは、因果推論ではない他の統計学の潮流について軽く説明しておきましょう。

まず計算機科学（コンピュータ・サイエンス）との融合という場合、キーワードはビッグデータと（第一章に登場した）機械学習です。後者は、広い意味での人工知能（ＡＩ）の活用を指します。データ処理におけるＡＩの活用にはさまざまなケースがありますが、機械学習とその進化版としてのニューラル・ネットワークを用いたディープ・ラーニングには、豊富な応用例、たとえば医療分野でのＣＴ画像からの診断やＥＣマーケティング（たとえばウェブで買い物するときの「おすすめ」表示ですね）があります。ただ、統計学の手法という意味では機械学習による「予測」が筆頭に挙げられるでしょう。第一章で説明した職業コーディングにみるように、機械学習は従来の社会調査の世界にも浸透しつつあります＊。

＊Salganik, M. J., 2017, *Bit by Bit: Social Research in the Digital Age*, New Jersey: Princeton University Press.（＝２０１９、瀧川裕貴・常松淳・阪本拓人・大林真也訳『ビット・バイ・ビット：デジタル社会調査入門』有斐閣）

機械学習がＡＩの統計学における応用だとすれば、ベイズ主義の復活はむしろ統計からの応用という側面が目立ちます。ベイズ統計は、もとはといえば18世紀にイギリスの牧師かつ数学者であったトーマス・ベイズが着想した確率に関する「ベイズの定理」をもとにした、これまで大学の講義や標準的テキストブックで採用されてきた統計学の基本的な考え方とは異なる立場に立つ統計学です。標準的な統計学が依拠する立場は、「頻度主義」と呼ばれています。ベイズ統計は、統計学が１００年以上蓄積してきた頻度主義の立場とはずいぶんと異なったアプローチを採用します。

ベイズ統計は応用しやすく、今では迷惑メールフィルタなど、機械学習と結びついてさまざまな実用例を生み出しています。最近になってベイズ主義が復活した背景には、ベイズ統計が必要とする膨大な計算量の問題を、コンピュータによる計算能力の向上がクリアしたからだと考えられています[*]。

＊豊田秀樹、２０１６、『はじめての統計データ分析：ベイズ的〈ポストｐ値時代〉の統計学』朝倉書店

すでに本書で述べてきたとおり、私たちの社会や行動は多様な要素の複雑な絡み合いのなかにあります。たとえば私たちの仕事内容は、学歴、年齢、性別、勤め先の企業規模・業態、就業状態、そして収入などのさまざまな要素と関連しています。この絡み合いの一つ一つを取り出してみれば、人間の頭でも十分に理解可能です。というより、第二章の構造主義のと

ころで述べたように、この絡み合いこそが個々の要素を理解可能にしているのです。第二章で強調してきたように、学歴は、学力、能力、資格、就職といった関連する要素との関係においてのみ理解可能になります。

ただ、これも第二章のハラスメントのところで述べたように、社会を構成する要素の関連性には「緩さ」という特徴もあります。ですので、仕事内容に結びついている上記のいろいろな要素の結びつき方も、整然としたものではありません。はっきりと意識されないつながりが実は効力を持っていることもありますし、偶然的な要因によって結びつきが強くなったり弱くなったりします。ここにこそ、社会的な活動、認識、そして判断に対して機械学習が活躍する余地があるのです。私たちの理解や判断はしょせん曖昧で緩いものです。機械学習は、その緩さを上手に拾ってくれるのです。

この章の最後、および第四章で論じますが、実は計量社会学分野で発達した計量手法は、AI分野で展開している手法と一定の共通点を持っています。この共通点は、以上の「複雑な要素の関連性をモデル化する」という点です。データ分析におけるこの方向性は、これから述べる因果推論の方向性とは、ある意味で対照をなすものです。計量社会学と違って計量経済学では因果推論を重視しますが、「要素連関のモデル化」という方針は、少なくとも標準的な計量経済学のテキストにはみられないものです。

他方で、現在主流となっている因果推論の方法は、別のところでＡＩを使った機械学習との共通点を持っています。それは「意味的な解釈」を重視しない、ということです。統計学におけるＡＩ・機械学習の位置付けについては、改めて第五章で説明します。ここでは、現代統計学の三つの潮流のうちの三つ目、因果推論の話をしましょう。その際、上記の因果推論の位置付けについて適宜振り返ります。

因果関係と因果効果

因果推論について話を始める前に、「因果」概念についてちょっとだけ解説しておきます。因果とは、その文字のとおり、原因と結果です。英語では原因がcause、結果がeffectです。広く使われている言葉としては「因果関係」があります。一般に因果関係というときは、おそらく次のような「つながり」がイメージされるのではないでしょうか。すなわち、「景気が悪くなって、会社の経営が苦しくなったので、ボーナスが減った」というような関係です。景気が悪くならなければ会社の経営は苦しくならなかった、会社経営が苦しくならなか

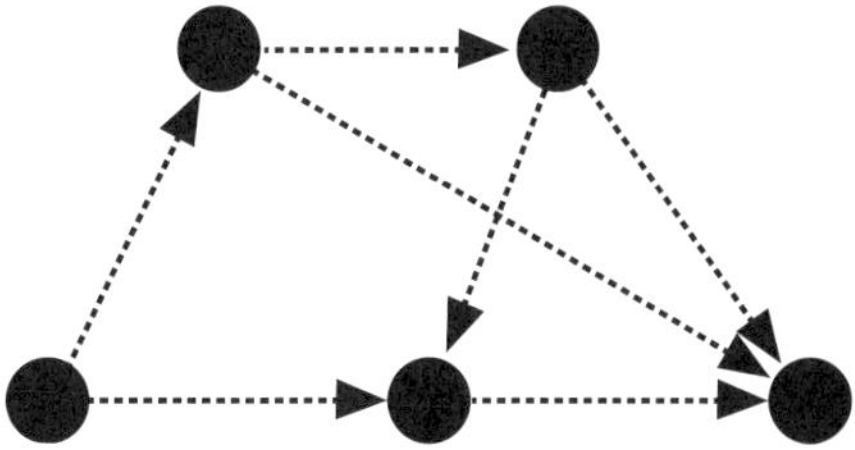

図４　因果関係の網の目

ったらボーナスは減らなかったのならば、これらは因果関係で結ばれている、と考えるのです。

もちろん、この因果関係のつながりは、もっと拡張することができます。景気が悪くなった原因を考えてもよいし、会社経営が苦しくなった他の原因を考えることもできるでしょう。というのは、景気が悪くなっても好調を維持している会社もあるからです。同様に、同じ会社でもボーナスが減った人と減らなかった人がいるかもしれません。ということは、ボーナスが減ったことの原因は、会社経営の傾き以外にも何かあるのでしょう。さらに、会社経営の悪化は、ボーナス以外にも実にさまざまな影響をもたらすはずです。このように考えていくと、因果関係はまさに複雑な網の目（ネットワーク）のように張り巡らされていることになります（**図4**）。

他方で、ひとつの原因とひとつの結果の組み合わせに注目する考え方もあります。たとえば薬の効果です。「血圧を下げる」目的で開発された新薬が、ほんとうに血圧を下げる効果を持った場合、そこに因果効果があった、と考えるわけです。

この章では、前者のような因果の見方を「因果関係（causal relationship）」の枠組み、後者のような見方を「因果効果（causal effect）」の枠組みと呼んでおきます。「因果関係」の枠組みは、しばしば「因果グラフ」と呼ばれる図式、あるいはそれをもとにした一連の数式で表現されます。「因果効果」の枠組みでは、原因と結果のセット以外の要因をひとまとめにして表現されることが多いようです。

両者のアプローチは微妙に違いますが、ある程度の共通理解があります。それは、因果という考え方についてかなり厳しい基準を課していることです。ここでは、より理解しやすい「因果効果」の枠組みを念頭に置いて因果推論について説明していきましょう。

因果推論の課題

第二章「比較のセンス」のところで述べましたが、何かと何かを「比べる」ときは、条件をそろえる必要があるのでしたね。実は、これは因果推論でも基本的には同じなのです。

考えてみてください。異なった二つの個体（たとえば17歳の男子高校生Aさんと、60歳のパートタイマー女性Bさん）がいるとします。Aさんはサッカー部に所属して普段から運動をしています。Bさんは仕事と家事で忙しく、なかなか運動ができていません。つまり、運動している人としていない人、という差があります。この二人が100メートル走をして、結果Aさんのほうが速かったとします。ここから、「Aさんが足が速いのは、Aさんが普段、運動をしているからだ」という人がいたら、「え、何をいってるんだろう」といいたくなりますね。

Aさんと Bさんではそもそも個体の性質が異質、つまり違いすぎます。性別、年齢、身分など、非常にたくさんの異質性がある個体をもってきて、そのなかの一部である「運動をしているのかしていないのか」だけを取り出して、それが「原因だ」ということには無理があります。因果を知りたいのなら、「運動をしているかしていないのか」以外の要素を十分にそろえた上で比較したいものです。

こういった例だと、研究者ではない一般人でも、どこがおかしいのか理解しやすいですよね。「運動の効果が知りたいのなら、同じ17歳の男子生徒どうしを比べたほうがいいのでは」というツッコミを多くの人がしたくなるでしょう。このように考えることができることも、

「数字を扱うセンス」のひとつだろうと思います。

以下では因果についての話を、もう少し深掘りしていきたいと思います。そこには、専門家であってもあまり気づいていない落とし穴があるのです。ただその前に、因果推論の手続きについてもう少し詳しく説明していきましょう。

原因Cが効果Eを持つかどうかを知りたいとき、「Eが、Cと関連するC以外の要因から影響を受けていない」ということが示されなければならず、「受けている場合にはその影響を取り除く」必要があります。**因果推論の真髄は、まさに「いかにして条件を極限までそろえるか」**にあります。

ここで、「Eが、Cと関連するC以外の要因から影響を受けていない」ことが必要なのであって、「EがC以外の要因から影響を受けていない」ことが必要なわけではない、ということに気をつけてください。たとえば「数学の学習時間（原因：C）が数学のテストスコア（結果：E）に影響するかどうか」を知りたいとしましょう。このとき、もともと数学が得意かどうか（数学の基礎能力）も当然スコアに影響するはずです。ただ、ここで学習時間と数学の基礎能力が関係しないのなら、つまり数学が得意であるからといって学習時間が長くなる、といったことがないのならば、少なくとも数学の基礎能力があるかどうかは、学習の効果を推定する上で問題にする必要はありません。

　他方で、数学の基礎能力と学習時間が関係しているのならば、気をつけなければなりません。「数学の基礎能力と学習時間が関係」しているというのは、実際にも十分にありうる話です。数学が得意ならばそれだけ数学の勉強が苦にならないかもしれません。あるいはその逆も考えられます。つまり数学が苦手だから、特に時間をかけて勉強する、というパターンです。

　もし数学が得意な生徒のほうが長く学習している場合、仮に学習時間がスコアに全く影響を与えなくても、つまり学習の因果効果がなくとも、「学習時間が長い生徒のほうがスコアがよい」という相関関係がデータ上は観察されますね。これがしばしば「相関と因果の混同」を生み出します。

　この場合、数学の基礎能力がそろっている生徒どうしで学習時間とスコアの関係をみていく必要があります。**図5**（次ページ）をみてください。この図では、数学が得意な●のグループと、数学が苦手な○のグループは、いずれもそのなかで学習時間が短くても長くてもスコアは同じです。ところが、数学苦手グループでは相対的に学習時間が短い人が多く、数学得意グループでは学習時間が長い人が多い（いずれも丸の大きさで表示）とどうなるでしょう

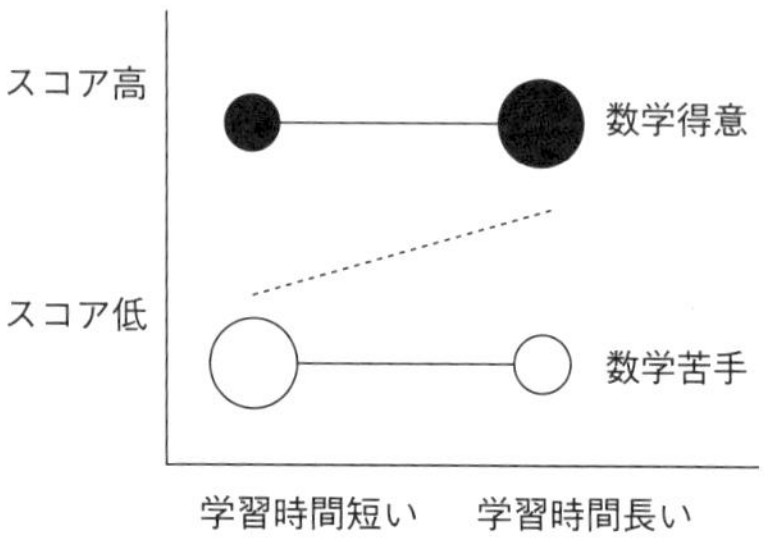

図５　学習時間とスコアの関係
※丸の大きさは人数を表す

か。まず、学習時間が短い人たち（グラフの左の二つのグループ）のあいだでは、数学苦手グループに引っ張られてスコアが低くなり、逆に学習時間が長い人たち（グラフの右の二つのグループ）のあいだでは、数学得意グループに引っ張られてスコアが高くなります。すると、結果だけみれば、全体として学習時間とスコアの関係があるようにみえてしまうのです（点線で表示）。

　このようなことが考えられるので、研究者は**「同じものどうしで比べる」**という作業を行います。これが統制（コントロール）の手続きです。「数学が得意か苦手か」で統制すれば、学習時間のみかけのプラス効果は消えるわけです（二つの実線）。「統制」というと難しく聞こえるかもしれませんが、原理はシンプルです。「まずは数学が得意の人たちだけでスコアを比較して、次に数学が苦手な人たちだけでスコアを比較する。最後にそれらの関係の強さを平均する」というふうに、要因を分析者の側で操作する、ということですね。

この作業は、第二章で扱った「比べる」ことと地続きです。比べるときにも、比べられる対象がある程度そろっていないと、比較の意味が損なわれる、という話をしました。**統計的因果推論は、この「そろえて比べる」という作業をとことん突き詰めることに特徴**があります。

ただ、ここでいくつかの課題が出てきます。順に説明しましょう。

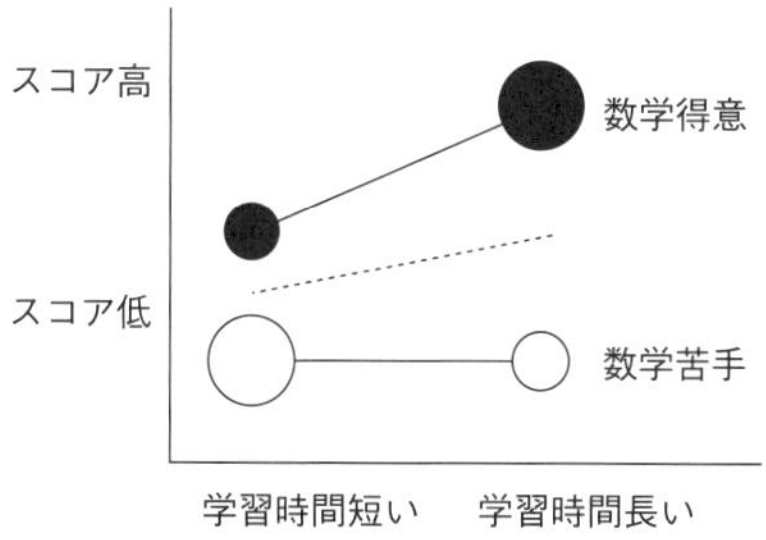

図６　学習時間とスコアの関係（交互作用）

個体の異質性の問題

まずひとつ目です。さきほど、「数学の基礎能力がそろっている生徒どうしで学習時間とスコアの関係をみていく必要がある」といいました。たしかにこうすれば、相関と因果の混同は避けられます。ただし、**図6**のように、数学の基礎能力によって学習時間の効果が違うということもありえます。たとえば、数学が得意な生徒は学習することでますますスコアが伸びますが、数学が苦手な生徒は全く伸びない、というパターンです。

もし「数学の基礎能力」の影響を除去した上で「学習時間とスコアの関係」を平均的に算出して、「学習時間を1時間増やせばスコアが5点上がる」という因果効果を導き出した場合でも、数学が苦手なグループにとってみれば、いくら勉強しても点数が上がらない、ということもありうるわけです。

この場合、すべての対象者にとっての「平均的な因果効果」だけを算出するだけではなく、個体の特性（ここでは数学が得意かどうか）に応じた因果効果を計算するほうがよいでしょう。たとえ平均的な因果効果としては学習の効果が認められたとしても、数学が苦手な人たちにとってみれば、「いくら学習してもスコアが上がらないじゃないか」といいたくなるからです。これを因果効果における**異質性の問題**といいます。異質性というと難しく聞こえますが、ここでは要するに「特徴が違う、多様な人たちがいるよ」といった意味です。

この例であれば、比較的対応が容易です。グループ別に因果効果を測定すればよいからです。ただ、効果が高いグループと低いグループの区別がわかりにくい場合にはそれなりに面倒なことになります。難しい言い方をすれば、効果の異質性における異質性の内実がわからないときです。異質性の中身がわかっていれば、「数学が苦手なグループには学習効果が上がらないようなので、別の対応を考えよう」といった方策が立てられます。それに、「数学が得意かどうか」がわかってさえいれば、分析の対象になった生徒以外の生徒にも同じ対応ができます。

　しかし効果の異質性をもたらす要因がわからなければ、実際にデータサンプルをとって効果が上がるかどうかを確認した人でなければ効果があったのかどうかがわかりませんから（しかもなぜこの差が出たのかはわからない）、因果効果の分析結果を安易にサンプル以外の集団、あるいは別のケースに適用することが難しくなります。数学にはいろんなジャンルがありますが、たとえば、「確率統計については事前学習の効果があるが、代数幾何についてはない」という傾向があるのに、分析では運悪く気づかれなかったとしましょう。このとき、サンプル全体で学習効果の測定をすれば、平均的には学習効果が検出されます。しかし異質性に気づかず、代数幾何だけのテストにこの結果を適用してしまうと、「あれ、学習の効果がないじゃないか」ということになってしまいます。

「確率統計と代数幾何」のような区分は、詳しく結果の分析をすれば違いがわかりますから、あとは「気づくことができるかどうか」の問題です。しかし効果の異質性が個体（生徒）の異質性に起因していて、しかもそれが想像しにくいものである場合、問題は残ります。それこそ、潜在的に数学が得意かどうかなどは見分けがつきにくい要因です。

したがって因果推論を行う際には、実際に結果を適用する状況に合わせて調査や実験を行うか、あるいは個体の同質性がある程度期待できるような状況を想定する必要があります。「状況に合わせて」というのは、さきほどの例のように「調査は確率統計と代数幾何の両方で行ったのに、代数幾何だけに結果を適用」するようなことがない、ということです。「個体の同質性を確保する」というのは、ある原因の効果に個体で差が出ないように、個体をそろえるということです。たとえば薬の効果を確かめるとき、その薬が同じ人間なら同じ効果を持つであろうことが理論的に立証できる（が、具体的にどのくらい効果があるのかがわからない）のなら、効果の異質性（これを交互作用といいます）は発生しません。もし年齢で効果が異なる可能性があるのなら、年齢別に分析をすべきでしょう。

「調査や実験の分析結果が実際に広くあてはまる」ということを、**外的妥当性**といいます。外的妥当性の有無は、個体の同質性に大きく依存しているのです。

第三の要因群の統制

さて、二つ目です。さきほどの学習時間の効果の例では、数学が苦手かどうか（数学の基礎能力）が「第三の要因」として原因（学習時間）と結果（スコア）の両方に関係していたため、数学が苦手かどうかという要因を統制＝除去した上で、原因と結果の関係をみなければならない、ということでした。

ここで、この第三の要因が「数学の基礎能力」だけであるとは限りません。もしかすると、家庭環境も影響している可能性があります。つまり、家庭環境がよければ学習習慣が身についていて、かつ基礎学力が高い、したがって学習時間にかかわらず数学のスコアもよくなります。ただ、データだけみると、やはり学習時間が長いほうがスコアはよいわけです。

このような可能性は実際に十分に考えられますから、調査観察を通じて家庭環境の情報を入手し、家庭環境が類似したグループのなかで学習時間とスコアを比べなければなりません。しかし、もし家庭環境の情報が得られなかったらどうしようもありません。これが「未観察要因」の問題です。ただ、想定できる要因がほぼ観察できたとしても、まだ問題は残ります。

原因（説明変数ともいいます）と結果（目的変数ともいいます）の両者に影響する要因のこ

とを、統計学では**交絡要因**といいます。さきほどの「交互作用」と区別してください。交絡（confounding）とは、困らせる、惑わせる、といった意味です。交絡要因は、ひとつだとは限りません。通常はたくさんあります。

幸運なことに（実際にはたいてい無理なのですが）、交絡要因の候補をほぼ網羅して観察できたとしましょう。しかしここで問題が出てきます。それは、交絡要因をどのように選んで組み立てたら、それらを適切に統制していることになるのかが、非常にわかりにくいということです[*]。

＊この「選択と組み立て」のことを専門的にはモデルの「特定化」といいます。

たとえば交絡要因にF_1、F_2、F_3の三つがあるとしましょう。F_1が仮に数学基礎能力だとして、F_1だけが交絡要因なら、数学基礎能力が高いグループと低いグループで分けて説明変数と目的変数の関係をみればいいでしょう。ここにF_2、F_3と混ざってくれば、それぞれ二つのグループで区切ったとして、全部で2×3＝6グループが出来上がります。この6グループそれぞれで説明変数と目的変数の関係をみてもよいのですが、果たしてこの分け方でよいのかはわかりません。また、サンプルを6つに分解することでそれぞれのグループのサイズ（人数）が小さくなってしまい、誤差が大きくなって結果が不安定になります。

　ではどうすればよいでしょう。さきほどの問題ですが、因果推論の基本に立ち戻ると、要するに説明変数である学習時間が短いグループと長いグループが、それ以外の点でできるだけそろっていれば、つまり**「同質」**になればよいわけです。

　この考え方を突き詰めると、F_1（数学基礎能力）を統制するためには、学習時間が短いグループと長いグループで数学基礎能力が「同じ」になるように調整することができればよいわけです。実際には数学基礎能力と学習時間が関係していますから、データ分析のプロセスで数理的に調整してこの状態を仮想的に作り上げてやるわけですね。

　最もシンプルな手続きは「マッチング」と呼ばれる方法です。マッチングとは、学習時間が短いグループと長いグループに属する生徒をざっと眺めて、数学基礎能力ができるだけ近い「ペア」を作っていきます。このペアは、数学基礎能力がある程度そろっていますから、このなかで学習時間とスコアの関係を計算すれば、因果効果がわかります。同じように別のペアも次々とマッチングして、それぞれで計算した関係の強さを平均すれば、答えが出てきます。

数学基礎能力だけではなくF_2、F_3という別の要因も含めて、学習時間が短いグループと長いグループでこの三つの要因ができるだけ均質に分布するように調整をすれば、この二つのグループは、最低限、観察された三つの要因について「そろっている」ことになります。

同様の方法に、「傾向スコア分析」というものもあります。詳しい説明は省きますが、これもマッチングと同じで、「観察された交絡要因（候補）の分布が、説明変数の各レベルで均質になるように調整」するための手法です。

未知の要因と無作為化比較実験

以上は、観察された交絡要因をどう扱うのか、という問題でした。しかしより困難な問題が残っています。学習時間とスコアに関係する要因は、想像できる要因だけではないかもしれません。つまり「未知の要因」の問題です。

未観察（だが既知の）要因の問題ならば、なんとか別のチャンスに観察して統制できるかもしれません。しかし未知の要因については、お手上げです。調べようがないからです。マッチングの手法を用いようにも、そろえる要因が観察できない以上は使えません。何をマッチングさせていいのかわからないからです。

実は、過去の統計学者は、未知の交絡要因という根源的な問題に立ち向かうための画期的な方法を発明しました。その代表が「実験」、特に**「無作為化比較実験」**です。発明したのはR・フィッシャーという統計学者です。

無作為化（ランダム化）*比較実験という研究デザインは、新型コロナウイルス感染症対策でワクチンや治療薬の効果を確かめる際にも適用されているもので、因果効果に関心のある研究者ならば必ず知っている方法です。

R・フィッシャー
写真：Science Photo Library/アフロ

＊本書では、「ランダム」と「無作為」という言葉を同じ意味として用いています。あえて用語を統一していませんので、同じ言葉として理解していただければと思います。「サンプル」と「標本」、「サンプリング」と「抽出」もそれぞれ同じ意味です。

無作為化比較実験とは、「処置」グループと「統制」グループを比較するとき、それらを人為的にランダムに分けた上で行う実験です。処置グループとは、たとえば「ワクチンを打ったグループ」、さきほどの例だと「学習時間が長い」グループです。処置は「介入(intervention)」とも呼ばれます。統制グループとは、これと比較するために「学習時間が短い(あるいはゼロ)」のグループです。統制グループは、「対照」グループとも呼ばれます。

ところで、なぜ「処置」という言い方をするのでしょう。英語でいえば処置はtreatmentで、措置とも訳されます。これは実験ですので、実験を行う研究者の側が処置するかどうかを決めている、意図的に対象に介入する、という想定なわけですね。ですので、生徒が自発的に学習する、ワクチンを自発的に打つといったことは、処置とは言い難いわけです。

この処置グループと統制グループは、処置がなされるかどうか(学習時間が長いかどうか)以外の点で、できるだけ同質である必要があります。たとえば100人の実験協力者がいるとしましょう。さまざまな人が混ざっています。数学好きもいれば数学嫌いもいます。家庭環境その他の未知の要因の分布もバラバラです。

ここで、くじ引きなどを使って2群を分けたらどうでしょう。そうすると、既知の要因のみならず、未知の要因もランダムに割り振られますから、2群は(偶然の誤差はあるものの)ほぼ均質になるわけです。

この章のはじめのほうで、因果推論の真髄は条件を極限にまでそろえることだ、と述べましたね。無作為化は、これをかなりの程度可能にする手続きです。**図7**をみてください。仮に同質な個体（群）二つを準備することが可能ならば、介入が効果を持つかどうか判断することは簡単です（上の図）。しかし異質な個体（群）二つしか準備できなければ、結果に違いが生じても、それが介入の効果なのかどうかは判別できません。無作為化によって、均質な二つの個体群を作り出すことができれば、因果の特定も可能になるわけです。

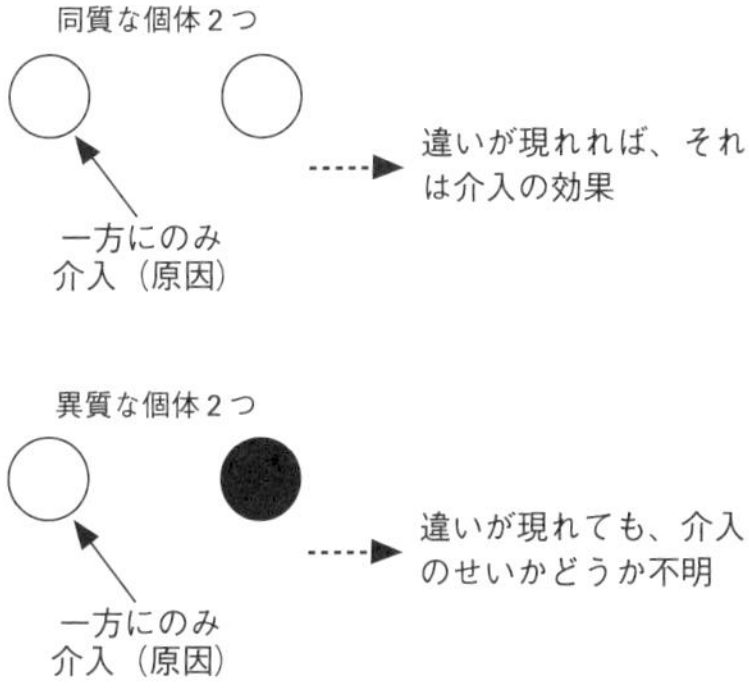

図7　介入と因果効果

ただし、既知のわかりやすい要因（たとえば性別）については、くじ引きに任せず実験者が人為的に均質に割り振ったほうがよいですね。そのほうが、くじ引きの偶然でどちらかのグループにたまたま男性が多くなる、といったことがありませんから、効果の測定の際に誤差が小さくなります。こういった事前の手続きを、「層化」といいます。「層」というと何かが折り重なっているイメージもありますが、層

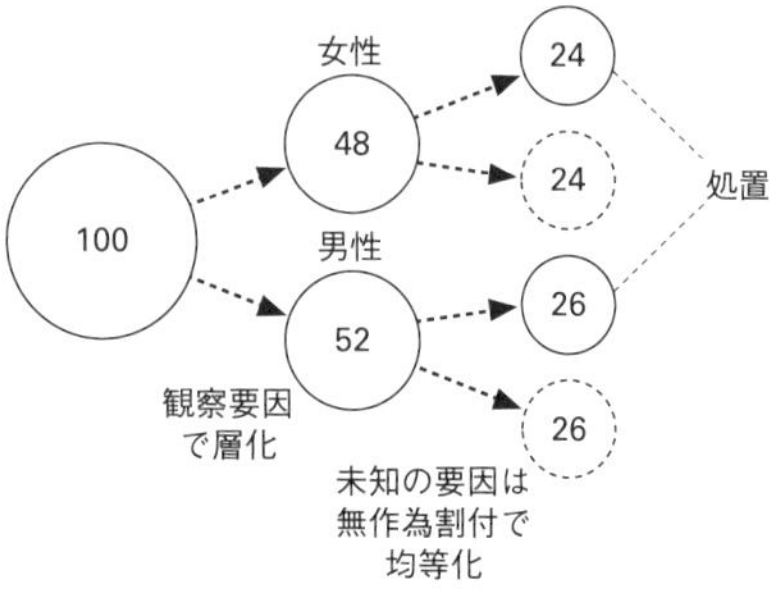

図8　層化と無作為割付

化は単なる「グループ化」と同じです。こうすることで、２群の均質化をより高度に行うことができます。**図8**では、１００人の対象者をまず観察できる交絡要因で層化して、２グループを均質化します。さらに観察されない交絡要因が偏ることを防ぐために、くじ引きなどで無作為に割付《わりつけ》を行います。

　層化と無作為割付は同じ均質化効果を狙ったものですが、無作為化ではどうしても偶然の誤差による偏りが生じます。運が悪ければ、未知の要因が処置群と統制群で大幅に偏ってしまうこともありえます。ただ、これはすでに統計学的に（確率的に）処理できる誤差になっています。因果効果の推定を行う際には、誤差を含めて計算しますから、問題ないのです。

やっかいな「自己選択」

気づいた人もいるかと思いますが、これまで紹介してきた「学習時間の効果」を無作為化の方法で測定する場合、どうしても実験を行う必要があります。実験というのは、「調査」あるいは「調査観察」の対義語だと考えてください。一般の方にとってみれば、実験も調査も大差ないように感じられるかもしれませんが、科学の文脈、特に統計分析の分野では、この二つは全く違ったタイプのデータを生み出すと考えられています。

実験と調査（観察）の最大の違いは、原因が処置されるかどうかを分析者（研究者）が決めるのか、それとも対象者が自分で決めるのかにあります。たとえば学習時間の効果を知るために無作為化比較実験をするなら、誰が学習し、誰がしないのかを分析者が割り当てるのでしたね。これに対して調査観察では、分析者は受け身で、まさに観察する立場です。学習するかどうかを決めるのは、（さしあたり）対象者一人ひとりです。これを**「自己選択」**といいます。統計学では英語そのままに「セルフ・セレクション」という表現が使われることが多いのですが、以降、短いほうの「自己選択」を用いましょう。

ただ、自己選択という言葉から「個人が自発的に決めている」という含意を引き出すのは間違っています。親にいわれて嫌々ながら勉強しているのかもしれません。したがって、ほんらいは調査観察データのことを「自己選択」のデータだと特徴づけると誤解のもとになるかもしれません。重要なのは、調査観察データにおいては、分析者が（層化でも無作為でも）割付している要因がひとつもない、ということです。

以上に留意しつつ話を戻しましょう。調査観察データは自己選択のデータなので、因果推論の観点からは問題があります。なにより自己選択においては「処置」をするかどうか（学習するかどうか）は分析者が決めずに「各自に任せたまま」ですから、数学が得意かどうか、家庭環境がいいかどうかなどの雑多な第三の要因の影響をそのまま受けてしまいます。そうすると、「数学が得意な人は、数学の学習も苦にならない、しかも（もとから）スコアが高い」ということになり、学習の因果効果がわからなくなってしまいます。

因果推論を行いたい研究者は、自己選択を避けたいので、まずは実験ができそうかどうかを考えます。しかし悲しいことに、さまざまな理由でこれは難しいのです。大掛かりな実験を行う資金がないこともありますし、割付が倫理的に容認し難いこともあります。「割付が難しい」という処置の例としては、たとえば喫煙があります。自分で決めて喫煙している分には、自己責任だから仕方がないかもしれません。しかし少なくとも分析者が「あなたはこれから3年間、1日10本必ず吸ってください」というふうに外から割付をすることは、倫理上許されません。さらに、ほんとうに10本吸っているのか、どのように吸っているのかについてはモニタリングが難しいでしょう。実験ですから、タバコは無料で支給されるわけで、そうすると贅沢な吸い方（ちょっと吸って捨ててしまう）をするなど、実際のタバコの吸い方とは異質になる可能性もあります。割付された処置として喫煙することと、自己選択で喫煙することを近づけることは簡単ではないでしょう。

学校における少人数クラスの学習効果の測定においても、同様の懸念があります。実は教育の計量研究分野において、「少人数のほうが学習効果が高いかどうか」（学級規模効果研究）は、「幼児（就学前）教育がその後の進学等に与える影響」と並んで非常に高い注目を集めてきた研究テーマです。ただ、これを実験によって確かめることには一定の障壁があります。実験をしようとすれば、どうしても「少人数クラスにするかどうか」を実験する側がくじ引き等で割付しなければなりませんが、少人数クラスを割り当てられなかった生徒とその親からすれば、不公平感が拭えません。同じことは、「児童手当」や「職業訓練」の効果測定実験でもあてはまります。

アメリカでは、こういった問題があっても、その後の政策に活かすためのエビデンスを得て、国全体を豊かにしていこうという同意のもとで「社会実験」を行うことがあります。日本ではこういった同意はほとんどないようです。ただ、いずれにしろ社会実験を行うことはかなり困難であることから、調査観察データを使ってそこから因果効果を推定するための方法がいろいろ考えられてきました。

同じ個人を追跡する

観測された要因を使ってできるだけ正確に因果効果を計算するための手法が、さきほど紹介したマッチングや傾向スコア分析です。しかし最大の敵は未知の要因なので、これをなんとかしなくてはなりません。そのなかの有力な方法のひとつが、**縦断調査データ**を用いた分析です。これは、同じ個人を繰り返し観察して得られたデータを用いた分析です。これを使うと、家庭環境や数学の基礎能力など、個人のなかであまり変化しない特性については、未知のものを含めて統制することが可能です。

簡単に説明しましょう。さきほどの分析だと、ある個人と別の個人、ある集団（数学苦手）と別の集団（数学得意）を比べたのでしたね。今度は、同一個人の変化を比べます（**図9**）。

1回目と2回目のあいだに学習をした人がスコアを伸ばしていれば、学習の効果があったのではないか、と考えるわけです。具体的な手法としては、固定効果モデルが代表的です。たしかにこれだと、数学の基礎能力や家庭環境などの個体特性の影響を取り除いた上で、学習の効果をみることができますね。なにしろ異なった時点であるとはいえ、同じ個人を比べているわけですから、同質性はかなり確保されていると思ってよいでしょう。

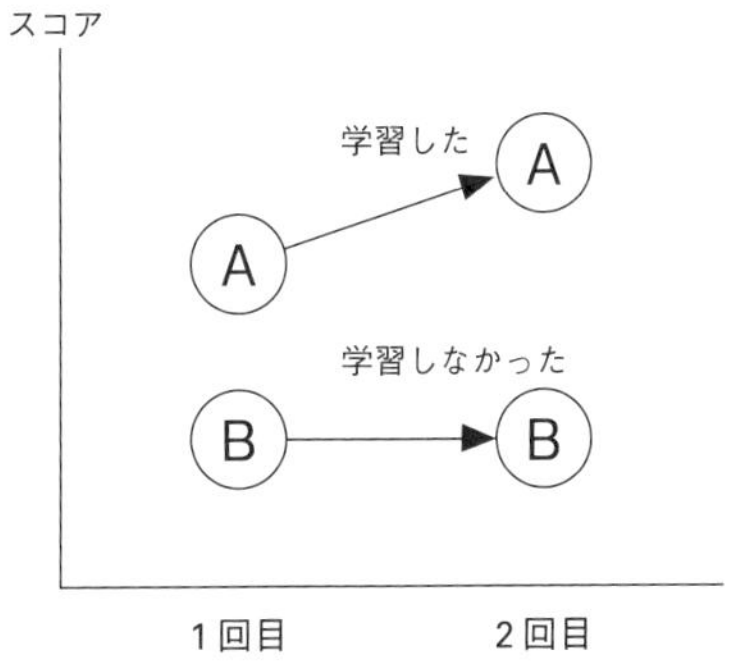

図9　縦断調査

しかし問題は残ります。最大の問題は、縦断調査はやはり自己選択のデータしかもたらさないということです。学習するかどうかは分析者が決めるわけではありません。したがって、実際に学習をしたグループ（処置群）にとってはスコアアップ効果があるかどうかがわかりますが、学習をしなかったグループ（統制群）が学習をしたときに同様の効果があるのかどうかはわからないままです。

こうやって推定した因果効果は、自発的に手を挙げさせる応募型のプログラムの効果を予測するときには、ある程度有用です。たとえば、希望者には職業訓練を施す、といったプログラムですね。これだと、知りたいのはまさに自己選択をしたグループにとっての効果です。これに対して、希望しているかどうかにかかわらず広く適用されるプログラム（税制など）の効果を予測するときには注意が必要です。

自然実験という妙案

自己選択は因果推論にとってやっかいな問題です。縦断調査データの分析でもこの問題を解決することは難しいです。

しかし研究者というのは面白い人たちで、彼らは独特なアプローチでこの問題を解決する方法を開発しました。それは**「自然実験」**です。さきほど、無作為化比較実験を社会を対象に行う「社会実験」というものがある、といいましたね。自然実験とはこれに対して、いってみれば「勝手に実験のような現象が生じる場面を捉える」ということです。「自然」とありますが、みるのはあくまで社会です。

「勝手に実験のようになる」というのは、要するに自己選択ではない理由で、原因の違いが生じることです。たとえば学習時間の例では、実験ができないときには学習が自己選択になってしまう——学習したい人だけが自発的に学習する——ことが問題なのでした。ここでもし何らかの理由で、自発的ではない学習が生じたらどうでしょうか。

たとえば、テスト直前の連休中に、台風で外出ができず仕方がないから学習時間が増えたグループと、天気がいいのでお出かけしたグループの学習時間の差は、自己選択による差ではないと考えることもできるでしょう。もちろんこの例だと「自発的に学習しない子どもは、台風で外出できなくても勉強しない」という可能性があるので、実験による強制的割付よりは上手くいかないかもしれません。ただ、台風に見舞われるかどうかは自発的な選択ではないので、これが研究者による無作為化と同じような手続きをもたらしてくれるわけです。

自然実験で肝心なのは、原因となる処置が、自己選択でなく発生する出来事をつかまえられるかどうかです。少人数クラスの効果だと、現にある少人数クラスとそうではないクラスの差をみるだけだと、「意欲の高い親が少人数クラスのある学校に子を進ませる」といった自己選択が生じるので、因果推論になりません。意欲の高い親の子どもは、もとから成績がよいかもしれないからです。上記の例だと、天気という偶然の作用が処置（学習時間）に差をもたらすので、自己選択問題を克服できるわけですね。

自然実験を歴史（社会変化）の説明に利用しようとする研究も蓄積されています。経済学者のD・アセモグルらは、18世紀のフランス革命後、なぜ一部の西欧諸国で経済が急成長し、一部は取り残されたのかを考察し、そのなかで自然実験のアプローチを用いています[*]。アセモグルらは、封建制の崩壊と新しい政治体制の誕生が経済成長に因果効果を持ったのか、という問いに取り組みます。注目したのは、当時「革命を輸出する」という大義でヨーロッパ各地に遠征していたフランス軍です。要するに、フランス軍が占領して封建制を廃した地域（処置群）と、そうではない地域（統制群）を比較し、処置群においてその後の経済成長がより進んでいれば、政治制度改革が経済成長にプラスの因果効果をもったといえるのではないか、と考えたわけです。

＊D・アセモグルほか「フランス革命の拡大と自然実験――アンシャンレジームから資本主義へ」J・ダイアモンドほか編著、小坂恵理訳『歴史は実験できるのか：自然実験が解き明かす人類史』（慶應義塾大学出版会、２０１８年）

ただし、このことがいえるためにはいくつかの条件が必要です。まずフランス軍が占領した地域としなかった地域が、事前にはできるだけ均質であることが重要です。占領した地域がもとから経済成長のポテンシャルが高いところであったなら、フランス軍占領後に経済成長したとしても、それが政治的革命の因果効果だとはいえないでしょう。政治改革があってもなくても経済成長しただろうからです。

そこでアセモグルらは、フランスが潜在的経済力を基準に支配地を選んだという説を、各種の歴史的証拠により否定します。結論として、フランス軍による政治革命の輸出はその地の経済成長にプラスの効果を持った、と主張されています。

この歴史の例でも、同一個人を時間を置いて観察する例でも、同じく時間をみていますが、決定的に違うのが、処置（政治改革あるいは学習時間の増加）が自己選択であったのかどうかです。前者（自然実験）では自己選択ではないから因果推論が成立しますが、後者（縦断調査）では自己選択ですから結果に留保がつきます。上記の例における自然選択とは、たとえば潜在的経済力がある地域で——資本家層が主導するなどして——政治改革が生じやすい、という事態を意味します。

自己選択ではない変化のことを、統計学では**「分断（discontinuity）」**といいます。この変化には、時間的なものもありますし、そうではないものもあります。

たとえば、しばしば制度プログラムでみられるのですが、一定の年収や年齢をプログラムの対象とするかどうかの基準にすることがあります。年収はある程度自分で動かせますから、意図的に一定の程度の年収に抑えて節税する、といったことが可能であり、この場合には自己選択になります。日本における配偶者控除はその例で、有配偶女性は意図的に自分の所得を一定額以下に抑えようとします。他方で年齢は自分で選択することができず、かつその前後の個人は均質であることが期待できます。ですので、ある年齢を境にして導入されるプログラム（たとえば医療費自己負担の軽減、税の優遇など）の因果効果を推定することが可能になるかもしれません。*

＊ただし年齢が上がることは個人の予期の範囲内ですから、年齢が税優遇基準に達するまでは収入を抑える、といった自己選択は可能でしょう。

このような分断は、実は私たちの社会には溢れています。森田果は、補講がその後のテストの成績に与える因果効果の例を紹介しています。* 補講を自己選択にしてしまうと、やる気のある生徒だけが補講を受けるため、因果効果がわかりにくくなります。しかし、もし「テストで赤点をとった生徒には強制する」となると、分断を利用できます。もし60点未満が赤点だとすれば、たとえば60〜64点の生徒を統制群、55〜59点の生徒を処置（補講割付）群だとみなすことができます。単に「赤点をとった生徒」を処置群、その他を統制群としてしまうと、2群の異質性が大きくなる——0点近くをとった生徒と、60点以上をとった生徒を比べることになる——ので不適切です。分断を利用した因果推論は、あくまで分断線の近くに注目しなければなりません。

＊森田果、２０１４、『実証分析入門：データから「因果関係」を読み解く作法』日本評論社

介入としての原因

自然実験を用いた研究例をいくつもみていると、「なんだか上手いこと探してきたな」と感じることもあります。ある違いが事実上ランダムな割付になっている、あるいは分断になっているという自然実験的な状況が見つかるかどうかは、研究者の想像力と運次第です。そのため、自然実験を首尾よく「発見」することができるかどうかが、一部の研究分野ではゲームのようになっています。

ただ、いかなる状態が自然実験になりやすいのかについては、それほど体系的には考察されていません。さきほど「自己選択ではない」違いがあるかどうかが重要なポイントであるといいましたが、考えてみれば、この世にある違いの多くは自己選択ではありません。個人のレベルで考えてみましょう。ある人が生まれた時点での親の経済状態や、生まれた年や出生地、出生児の性別などは、人生に大きな影響を与えるわりには、自己選択ではありません。

　ではこういった非自己選択の差を原因とすれば、これによって生み出された結果の差を「因果効果」として考えてよいのでしょうか。たとえば、親が大卒だと子も大卒になりやすいという関係について、親の学歴が子の学歴に因果効果を与えた、と考えてよいのでしょうか。なんだか「それはダメなんじゃないか」と思えてきますよね。学習時間や補講の効果、そして政策プログラムの効果と、親の学歴の「効果」を同等に理解することに違和感を感じる人は多いと思います。

　この違和感のひとつの理由は、因果効果を「実験」のアナロジーで考えることができそうかどうかにあります。学習時間、補講、クラス規模、政策プログラム、喫煙などは、コスト的・技術的・倫理的な障壁をクリアできれば、いずれも社会実験をやろうと思えばできそうですね。これはつまり、原因を「ほかから切り離して独立して動かす」ことができる、あるいは原因をそのように動かすことが「意味を持つ」ということです。なぜなら、そうでない限り原因を処置や介入として理解することができないからです。これが「出生年」となると、そもそも思考不可能ですね。「政策で、一定の人を１９７０年生まれにする」というのは意味が通りません。

ただ、状況を限定すれば、出生年に関連して因果効果を考えることは可能です。たとえば、１９６６年は丙午《ひのえうま》といって、日本では迷信の影響で出生数が極端に少なかった年です。前後の年に比べてこの年生まれの人だけ少ないので、進学や就職で一定の影響があったのではないか、と考える人もいました。*

＊実際、いくつかの影響が指摘されています。赤林英夫、２００７、「丙午世代のその後――統計から分かること」『日本労働研究雑誌』５６９：17-28など。

出生数自体は政策である程度介入可能なので、これは意味のある因果推論です。個人レベルで出生年を変えることはできませんが、社会全体である年に生まれる子どもの数を（間接的にですが）変えることは可能です。ただ、それを「ほかから切り離して独立して」動かせるかどうかは微妙です。出生数を増やすべく国の財政をそこにつぎ込むと、他の分野に影響が及びます。その影響が、その年に生まれた人の人生を左右するかもしれず、こうなると何が何の効果になっているのかが判別しにくくなります。

最大の問題は、子どもを持つかどうかは基本的に自己選択であることです。ですので、政府がやれることはインセンティブを作る（たとえば児童手当を大幅に増やす）ことで間接的に出生を増やすことです。こうなると、お金に困っている人たちが相対的に強い出生意欲を持つことも考えられます。すると、もはや純粋に「出生数だけが独立して増えた」とはいえないでしょう。

因果推論が「意味」を持つには

因果推論についての入門書ではたいていの場合、因果推論の狭い条件、すなわち「どうやったら均質だが一点（原因）だけ違う」という状況を作るのか、あるいはそういう状況が生じる場面を見つけ出すのか、という考察がメインになっています。前者の「状況を作る」方法の代表が無作為化比較実験、後者の「状況が生じる場面を見つけ出す」方法の代表が自然実験です。

ここで、本書の最初のほうで掲げた目標を思い出してみてください。分別があり、意味が通る数字の使い方を考えよう、というものでしたね。

実は、因果推論がそもそも意味を持つための、より広い意味での条件についての考察は、それほど一般にはなされていません。ここ最近の統計学ブームの影響もあって、「適切に因果効果を推定するにはどうしたらいいのか」を伝える文章は書籍でもウェブでもたくさん存在します。しかし、**どういった場合に因果効果を考えることが、そもそも意味を持つのか、ということについて考察した文章は、少なくとも一般向けとしてはほとんど存在しない**のです。

さきほど、因果効果について考えることが意味を持つのは、「原因を独立した処置として動かせるかどうか」にかかっている、と書きました。この条件が満たされるというのは、どういう状況なのでしょうか。ここでは三つ考えてみましょう。

ひとつは、自然実験で得られた知見を実際に活用する際に生じる問題です。さきほど述べたように、無作為化比較実験では「原因を生じさせる（介入がなされる）」のに対して、自然実験では「均質な2群の片方にだけ原因が生じる」状況が、原因の効果を推定する際に利用されるのでした。このことは、自然実験の知見を政策等に活かす場合に一定の配慮が必要になることを示しています。

先に出した「出生数」の例を引き伸ばしてみましょう。出生数の増減の影響を自然実験によってつかまえようとするなら、丙午のような外的な出来事を利用する方法が考えられます。このような出来事は、学術的な用語で「ショック」と呼ばれます。外から降りかかってきて大きな影響を及ぼす、といった意味ですね*。

＊ただ、丙午の場合には、それが１９６６年にやってくるということを多くの人が知っていましたから、純粋に分断と呼べるかどうかは微妙です。つまり、丙午を見越して妊娠・出産を控える人たちとそうではない人たちの異質性があるかもしれません。次の丙午は間近に迫っています。２０２６年です。果たして現代人の出生行動に丙午は影響があるのでしょうか。

ただここで強調しておきたいのは、次のことです。何らかの純粋なショックや分断によって出生数減少の因果効果が推定できたとしても、「ではこの結果を活かして政策介入をしよう」と考えると、同じようにいくとは限りません。さきほど述べたように、政策を実装する際に自己選択の要素が混入すれば、「ショック」の再現になりません。

また、もし国家予算が潤沢で、さらに出生が自己選択でないほど国民の権利が制限されているような国ならば、出生数を（他に影響を与えない）独立した処置として考えることが十分に意味を持つでしょう。そうではない場合、出生数を動かすとそれに連動していろんなことが動きますから、これもショックの再現になりません。概して、ショックで出生数が減るプロセスを、意図的な介入によって再現するのは難しいでしょう。ショックと介入は違うのです。

原因だけを切り離せないケース

介入の規模が大きくなればなるほど、「周りを動かさずにそこだけ動かす」ことは難しくなります。

２０２０年１月からの新型コロナウイルス感染症拡大問題で、学校が４月になっても再開されない状態が続きました。そこで議論され始めたのが、いっそのことこの機会に学年を９月開始にしたら、というアイディアです。実は４月の学年開始は世界的に珍しく、アメリカやヨーロッパなどでは９月（前後）入学が一般的ですから、これを機にそれに合わせよう、という意見ですね。ここで、「９月入学にしたらどうなるか？」という問題について、因果推論の知識は使えるでしょうか？

　結論からいえば、難しいと思います。まず問題設定からして、特定の効果の有無ではなく「広くどんな影響があるか」という問いになっています。学期の開始タイミングは、資格、企業の採用などさまざまな他の領域と絡み合っています。おそらく想像を絶する「意図せざる結果」が次々と生じるでしょう。次に、「9月入学」を独立してポンと導入するような介入の仕方はありえず、実際に導入するとなるとさまざまな問題を想定して準備を行うことになります。ですので、結果は原因（処置）に先立つ準備次第で大きく変わります。

　要するに、大きな変化というのは、それがさまざまなかたちで他の要素と結びついている、ということです。大きな変化が周囲とある程度断絶して——したがって想定外に——生じるのが「ショック」ですが、因果推論の最終目的はショックの効果の測定ではありませんね。あくまで、社会に意図的に介入し変化を起こしたときに、思ったような効果が現れるかどうかが知りたいのです。ということは、意図して生じさせる大きな変化の影響を考える際には、因果推論は向いていないことが多々ある、ということです。

　次に、処置が実際に可能になるかどうかの問題があります。実験でそれを可能にしたのは、実験の対象となる人（被験者）の同意でした。もしかしたら、実験参加の謝礼（金銭的インセンティブ）もあったかもしれません。つまり実験においては、参加者を処置群と統制群に分ける際には均質化を施すことができますが、実験に参加するかどうかは自己選択です[*]。しかしながら、実験結果の外的妥当性は、実験に自己選択で参加するような人と、そうではない人の均質性を仮定しています。

*Johannes Abeler and Daniele Nosenzo (2013) "Self-Selection into Economics Experiments is Driven by Monetary Rewards," *IZA Discussion Paper*, No. 7374.

参加者と非参加者の均質性を確保するためには、社会的同意か権力格差が必要になるでしょう。この場合の同意とは、処置プログラムに参加するかどうかの同意ではなく（それだと自己選択になる）、処置を社会的に実行してもよい、という同意です。ということは、因果推論の知見を活かす条件のひとつに「同意を促す政治家に対する信頼」がある、ともいえそうです。それが欠けている場合でも、処置を行う権限を持つリーダー層と処置される層とのあいだに強い権力格差があれば、自己選択ではない処置が可能になるでしょう。

ここでアセモグルらの「歴史の自然実験」の例を振り返ってみましょう。ドイツにおける政治変革（封建制の衰退と近代的政治制度の導入）は、フランス軍の占領というショックによって、分断を伴ってもたらされました。アセモグルらは、この自然実験から政治制度の経済成長に対する因果効果を導いたのです。

ではこの知見を「活かす」場合にはどうなるでしょう。「活かす」というからには、政治制度変革は自己選択として遂行されるのでしょう。こうなると外国軍の占領のケースと違って、旧勢力の抵抗、政治的すり合わせによる妥協が生じる余地が生まれます。当然、ショックのときと同じ結果がもたらされるとは限りません。

他方で、赤点の線引き（分断）を利用した自然実験から得られた補講の効果の知見は、ほぼそのままで使えそうです。一定の成績層の生徒に補講をさせるだけですから介入規模は小さいですし、教師と生徒のあいだの権力格差を利用して補講を（自己選択ではなく）強制させることも、さほど難しいことではないでしょう。

処置のジレンマ

また、「独立して動かす」ことを「意味的」に考えることが困難な場合もあります。すでに「比較」について論じた第二章で、「学力も、能力も、親の所得も、資格も、就職先も、そして名誉も、すべて同じで、学歴だけ違う」というのは、もはや有意味な学歴概念ではない、という話をしました。学歴を処置として割り当てる場合、この「意味問題」も考えておく必要があります。

さきほどの出生のケースと同じで、何らかの分断を使って学歴の因果効果を推定することは可能かもしれません。ただ、その結果を適用する際には、学歴を自己選択から外せるかどうかが問題になります。基本的には無理でしょう。「大学の学費を下げる」というインセンティブを与える場合、自己選択が処置に一定の偏りを与えます（たとえばお金持ちの家の子どもの行動には影響しないかもしれない）。大学入学定員を増やす場合も、その介入の結果、追加的に入ってくる層は均等に分布しているとは限りません。「他の状況をそのままにして進学だけを増やす」ことは難しいのです。

ただ、これは意味問題とは違います。意味問題とは、学歴の意味をどう捉えるかによって介入の仕方も変わる、ということです。もし学歴を純粋に「肩書」だと理解する場合、無作為にそれを一定人数に割り付けることになります。大学での教育を実際に受けたかどうかは、ここでは関係ありません。もし学歴を純粋に大学での教育経験だと理解する場合、その効果を知りたいのならば、学歴という肩書を周囲から隠しておく必要があります。なぜなら、大卒という肩書を開示してしまうと、肩書の影響が混ざり込んできて、効果が純粋に大学での教育経験のものなのかどうかがわからなくなるからです。

社会実験を行えば、たしかに以上のような奇妙なシチュエーションでの学歴の因果効果を推定可能かもしれません。しかし、それを実際に適用することは無理です。それは、さきほどのように学歴と自己選択が分かち難いことから生じる運用上の問題というよりは、「肩書だけ」「教育経験だけ」というのがもはや学歴という概念とは離れてしまったものだ、という問題です。

学歴とは、実にさまざまな概念と結びついてのみ理解可能になる概念です。この点において、「薬の投与」や「児童手当」とは全く違います。「薬の投与」「児童手当」は、処置として、つまりそれだけを他の要素から隔絶して遂行する、といわれても、ある程度、理解可能です。しかし「学歴を独立して処置する（与える）」といわれても、全く理解できないことはないまでも、人によってその意味があまりに違いすぎて、それをもはや学歴と呼ぶことはできません。

意味を持たせようとすれば、学歴の意味を「削る」しかありません。つまり「肩書」のように、独立して割付がしやすいものまで中身を削り落とすわけです。ただ、そうすることによってもはや割付されたものは、私たちが「学歴」という概念で理解しているものではなくなっていきます。これを本書では**「処置のジレンマ」**と呼んでおきます。

社会の連関のなかの因果効果

開発経済学の分野では、民主化と経済成長の関係についても膨大な研究が蓄積されてきました。民主化が経済成長に結びつくという知見がある程度共有されてはいますが、これらが結びつかない例にも注目が集まっています。たとえばシンガポールや韓国は「開発独裁」といって、非民主政権下における目覚ましい経済成長を経験しました。現在の中国もそうですね。一部のアフリカ諸国では、民族的な対立などの影響で民主化が混乱をもたらし、経済成長を阻害することもあります。つまり、「民主化」という要素と、それに関連する要素・条件などが複雑に絡まり合って、経済成長に結びついたり結びつかなかったりするわけです。

民主化も経済成長も民族対立も、その他のさまざまな要素が絡み合って構成される「社会の連関」の一部です。こういった連関から切り離された「処置」の効果を見極めようとする因果推論の知見は、「社会の複雑な連関」を理解する上で、部分的にヒントを与えてくれる貴重な知識です。しかし社会の複雑な連関を理解するにあたり、因果効果の知識だけで十分だ、というわけではありません。

この章では、多少専門的な語彙を交えつつ、統計的因果推論の特徴についてお話をしてきました。何らかの原因が因果効果を持つのかどうかを追究することの極意は、その原因が施される場合とされない場合の、原因以外の条件をとことん同じにすることにあります。二つのグループをランダムに分けることが、その究極の方法である、ということでした。ただ、この「原因以外はできるだけ同じにする」という手続きを突き詰めれば突き詰めるほど、原因として考えることができるものの内容が限定される、という処置のジレンマがあるということも指摘しました。

「薬を処方する」「ワクチンを打つ」「児童手当の額を上げる」などは、この条件を満たすことができなくもありません。しかし「大学進学率の向上」「民主化」などは、それ自体複雑な要素が絡み合う概念であり、薬を摂るか摂らないかのように、他の条件を一定にしたまま動かす、ということが実態として難しく、そもそもそれを意味的に理解することも難しい事柄です。

第二章で扱った比較と異なり、統計的な因果推論は一般にはそれほど身近な方法ではありません。それでも、因果推論から得られた知識は強力な科学的エビデンスとして私たちの社会を変える可能性があります。その因果について考える上では、以上のような特性を踏まえて、分別（センス）のある数字の扱いをする必要があります。

第四章

確率のセンス

日常のなかの偶然

この世の中の出来事のほとんどは、確率現象です。明日雨が降るかどうかもそうですし、大学に合格できるかどうかも、確率的な出来事です。

「え、大学合格は違うんじゃないの」と感じる方もいるかもしれませんが、あれは間違いなく確率現象です。そもそも「試験でどの問題が出るのか」は、受験生にとっては「賭け」です。ヤマが当たれば有利です。問題予想できる予備校講師はいるかもしれませんが、確実に予測できることはないでしょう。その講師を信じるかどうかも賭けです。

その日の体調もある程度は偶然で、完全な体調管理をしていても、当日に気分が悪くなることはあるでしょう。受験会場に来て、隣の席にどんな受験生がいるかについても「当たり外れ」がありますね。筆者は大学受験のとき、隣の人が解答を書く音（鉛筆のカリカリ音）があまりに激しくて、若干集中力が削られたことがあります。ツイていなかったわけです。

このように、受験に際してギャンブル的言葉――賭け、当たり外れ、ツキ――が頻繁に用いられるくらいには、合格は確率現象なのです。

同じように、どの会社に就職するか、どの人と結婚するかといった大きな選択も、新発売のアイスクリームのたくさんのフレーバーのうちどれを選ぶのかといった小さな選択も、多かれ少なかれ賭けの要素があります。株価や為替、流行といった経済・社会的な現象にも、やはり偶然（たまたま）の要素はついて回ります。

　こういった社会・生活のなかの確率現象のことを、ここでは「自然発生的偶然」[*]と呼んでおきましょう。その反対が「人為的偶然」です。人為的偶然は、サイコロやコンピュータなどで意図的に作り出す偶然です。

＊より馴染みのない言葉を使ってもよいならば、経済学者のフリードリヒ・ハイエクにならって「自生的 spontaneous」のほうが的確でしょう。ここでは「自然発生的」という平易な言葉を使いますが、この場合の「自然」は「人の手が加わらない」という意味ではなく、「人が作り出しているが、意図的なものではない」といった意味です。ハイエクは、人為的な設計プランに基づく計画経済と対比して、市場経済の自生的秩序を尊重したことで知られています。

　自然発生的偶然は、私たちの生活の一部になっています。予想外の出来事、たまたまの幸運、自分ではどうにもならないことの影響のほか、私たちの生活の出来事のほとんどには、実は偶然が入り込んでいます。しかし、そもそもなぜ「自然発生的偶然」が生じてしまうのでしょうか。深く考えれば哲学的な議論になるのですが、ここでは思い切って単純化して考えます。

私たちの世界のなかで何かが起こる場合、そこには無数の要因が絡み合っています。単一の要因で何かが生じるということはまずありません。これが偶然（にみえる出来事）を生み出します。

たとえば通勤途中で自転車に乗っていて、通行人とぶつかってしまったとしましょう。

「どうしてそんなことになったの？　原因は？」と聞かれれば、自転車に乗っていた人は「ちょっと不注意だった」とか「急に人が飛び出してきて……」と答えるかもしれません。ただ、考えてみてください。不注意な人が必ず自転車事故を起こすわけではありませんし、急に飛び出す人が必ず自転車にぶつかるわけでもありません。むしろ急に道に飛び出しても、たいていの場合は何も起こりません。

「これがなかったら、そのときの事故は起こらなかった」という要因はほかにたくさんあります。もし自転車の人が、自宅にスマートフォンを忘れて取りに帰ったとすれば、少なくとも今回の事故は起きなかったはずです。ということは、「自宅を出るときスマートフォンを忘れなかった」も広い意味では事故の原因です。さらに、昨晩はちょっと仕事で疲れていて、そのせいで寝坊していて慌てていたことが原因としてカウントできるとすれば、昨晩の仕事も原因になるかもしれません。このような事柄は、それこそ限りなくリストアップすることができます。なかば屁理屈のようなものもあるでしょうが、それでも確かな事実です。

このような要因が重なったときに、何らかの出来事が生じるのです。絡み合う要因があまりに多く、また複雑であるため、人間の認識力で把握・統制できるのはそのなかのほんの一部に過ぎません。[*]

＊このような「社会のわからなさ」について関心がある場合、ぜひ拙著『社会を知るためには』（ちくまプリマー新書、２０２０年）をご一読ください。

私たちは特にギャンブルをしていなくても、また極度に賭け事を嫌っていたとしても、生活のなかで自然発生的偶然にさらされています。よほどのギャンブル好きでなければ、もっと安心して暮らしたいですよね。実は私たちが住む現代社会は、自然発生的偶然に対処する制度をいくつも張り巡らせています。

さきほどの受験ですが、日本で最大規模の大学入学試験である「大学入学共通テスト」では、「病気や負傷、事故、その他やむを得ない事情（両親の危篤、自宅の火災）など」の場合に追試験を認めています。保険という制度も重要な「偶然対処」法です。自動車事故は、たしかに無謀あるいは不注意の運転で発生しやすくなりますが、明らかな過失がなくとも事故は起こるものです。損害保険がなければ、事故を恐れて運転を控える人が多くなるはずです。

年金などの社会保険もそうですね。「どのくらい長生きするか」はある程度確率現象ですから、長生きが不安に結びつきにくくするための制度が老齢年金です。障害年金や遺族年金にも、そういった要素があります。仮に長生き、障害、配偶者の死が全く確率現象ではないなら、それらに起因する問題を避けるための政策に注力すればよいのであって、保険制度にする必要はないでしょう。

自然発生的偶然に対応する制度を作り上げる際には、統計調査が大活躍します。「およそどれくらいの割合で事故が起こるのか」「平均してどの程度、人は長生きするのか」といったデータがなければ、保険料や支給金額の設定は不可能になります。

事故率や余命は、自然発生的偶然に基づいた確率現象です。これを計算可能な数値に変換するためには、あとで述べる統計学の「推定」というテクニックが必要になります。

偶然を利用する

自然発生的偶然と違い、人為的偶然は人為的に発生させるものですから、「対処すべき偶然」というよりは「利用される偶然」になります。「使える」からこそ、確率現象をあえて発生させるわけです。では、私たちは偶然をどう利用しているのでしょうか？

　私たちがあえて偶然を人為的に発生させる場面としてまず挙げられるのが、「結果に大して影響しないだろうが、でもとりあえず決めておきたい」ケースです。スポーツの試合でしばしば行われるコイントスはそのひとつの例でしょう。コートサイド、先攻後攻を決めるときなど、審判がコインをフリップさせますね。

　ただ、わかりやすく結果に影響はしないだろうが、なんとなく「こうなってほしいな」と思うようなこともあるはずです。サッカーのコイントスで、「今の時間は逆光になるから、最初はこちらサイドをとりたいなあ」ということもあるでしょう。ゴルフコースのスタートホール（1番と10番）では、ティーショット（第一打目）の順番を決めるためのくじが設置されています。４人一組で回ることが多いのですが、このときくじで一番を引いた人は、たいてい少しだけ残念な気持ちになるものです。最初の一打は注目を集めることが多く、緊張して失敗するのでは、という不安があるからでしょうね。
それでも偶然は偶然です。サイドも順番も、何らかの方法で決めなければ先に進めません。話し合いをしても埒が明かないでしょう。そういうときに私たちは、偶然に任せてしまうわけです。

先の例でもそうですが、私たちが偶然を意図的に利用したいひとつのケースは、「決定を誰のせいにもしたくない」ときです。入試は実力と運とのミックスですから、合格者を抽選だけで決めることは例外的です。しかし、決めるための基準が曖昧で実力や根拠を問うことが難しく、でも決めなければならないときに、私たちは偶然に委ねることがあります。その効力は、「文句が出ない」ようにすることです。

別の言い方をすれば、私たちは偶然を**「強制納得装置」**として用いているのです。世の中には、いくら検討しても、当事者の多くが納得のいく選択ができないことがたくさんあります。あるグループのリーダーを決めなければならないときなど、「決断力がありそうなのはＡさんだが、調整力がありそうなのはＢさん。でもどちらの力が必要になるかは、わからない」ような事態はたくさんあります。そういうときは、「もうくじで決めちゃいましょう」となるわけです。そうすれば、結果的にその選択が「ハズレ」だったとしても文句は出にくくなります。

次のわかりやすい例は、カジノのギャンブルです。ギャンブルにも実力はある、という考えもありそうですが、それでもカジノのギャンブルの根幹には例外なく人為的偶然発生装置があります。サイコロ（ダイス）、シャッフルされたトランプ、ルーレットなどです。人がギャンブルをしたがる理由はそれぞれでしょうが、偶然に左右されるという「ドキドキ」の高揚感はそのひとつでしょう。賭けたサイコロの目が出たときの喜びと、苦労したすえに合格したときの喜びは、どちらも偶然の要素があるという意味では似ているかもしれませんが、ギャンブルの勝利の喜びには、「苦労が報われた」という感覚はそれほど含まれないはずです。

スポーツと偶然

さきほど、自然発生的偶然は対処（統制）され、人為的偶然は利用される、と述べました。ただ、実際には中間的なケースもあります。スポーツ競技がそれに当たります。野球にしろサッカーにしろ、私たちがそのゲームを楽しむ要素には、少なからず偶然があります。

スポーツ競技の優劣は、何らかの数量を伴うことがほとんどです。野球やサッカーの試合のように得点の総計で決まることもあれば、体操やフィギュアスケートのように審査員の採点結果で決まる競技もあります。相撲のように「勝ちか負けか」だけで決まる場合もありますが、それでも最終的な優勝は勝ち星の数で決まります。

ここで、この得点や勝ち星の数と実力の関係は、完全な比例関係ではありません。いくら強いチームでも必ず勝つとは限りません。プロ野球のパ・リーグでは、２０１９年のシーズンが終了した時点では、福岡ソフトバンクホークスが3年連続で日本シリーズを制するなど、強いチームだと考えられていました。特に２０１７年のホークスの強さは突出していて、まさに勝ちまくりました。シーズン成績は94勝49敗０分、勝率０・６５７です。これは実は驚くべき勝率の高さなのですが、それでも10回試合を観にいけば、３、４回は負けているのです。

また、スポーツの得点はほとんど自然数なので、野球で「ホームベースで僅差でタッチアウトになったから０・８点」とか、ゴルフで「ボールがカップの縁をクルッと回って外れたから０・５打にカウント」などということはありません。サッカーで「相手のディフェンスをしっかり崩してシュートしたがゴールポストに当たって跳ね返って得点ならず」ということが5回あったチームは、苦し紛れのカウンター攻撃が1回だけ決まったチームに、不運なことに1対0で負けるのです。

もちろん、実力がもっと勝敗に結びつきやすいスポーツもあります。つまり、たまたまの要素が少ないスポーツです。相撲はそうでしょうし、2019年に日本でワールドカップが開催されて盛り上がったラグビーも「番狂わせ」が生じにくい競技だと考えられています。ただ、全盛期の白鵬もたまには金星を提供していましたし、ラグビーでも番狂わせはたまに起こります。

そう、多くのスポーツ競技の結果（勝敗）は、多かれ少なかれ偶然で決まっているのです。これはスポーツに限らずゲーム一般にいえますが、偶然の要素があえて結果に反映されるようにしているのです。その際に、2種類のタイプの偶然が上手に用いられています。

スポーツではギャンブルと違い、人為的な偶然ではなく、ほとんどの場合自然発生的偶然が活かされます。その日の選手やチームの調子、相性、めぐり合わせ、天候など、さまざまなみえにくい要素が絡み合って、勝敗が決まります。無数の要因が絡むという意味では、スポーツの偶然性は生活に埋め込まれた自然発生的偶然性とよく似ているのです。

ただ、日常生活の偶然とスポーツの偶然では、多少異なっていることもあります。スポーツのゲームでは、自然に発生する不確定性を除去せずにある程度残すことで、あえて結果の偶然性を確保しています。野球やサッカーなどはこれにあてはまります。もちろん、自然発生的偶然を排除して、可能な限り実力が結果に結びつくように競技をデザインすることもあります。陸上競技や水泳競技などはこちらでしょう。もし野球で不確実性を除去しようとすれば、たとえばピッチャーは投球のスピードとコントロールのみを測定する、といったゲーム性の少ない設定になってしまうかもしれません[*]。

＊余談ですが、スポーツの際の緊張あるいはプレッシャーの度合いは、結果が偶然に左右されやすい競技よりは、偶然の不確定要素を排した競技のほうが強いのではないかと私は考えています。なぜなら、偶然の要素が小さければそれだけ「結果を自分でコントロールできる（だからちゃんと体を動かさなければ）」と感じてしまうからです。偶然の要素が強い競技では、プレッシャーというよりもドキドキ感のほうが強くなるでしょう。サイコロを使ったギャンブルで、「プレッシャーのかかる一振り」とはあまりいわないですよね。「サイコロで6を出す」実力を持つ人など、ふつうはいませんから。

人為的偶然の挿入は、スポーツではあまりみられません。さきほど触れたとおり、コートサイドや先攻後攻を決めるときにコイントスをしますが、これも勝敗を大きく左右する要素とは考えられていません。他方、私たちが遊びで行うゲームでは、乱数発生装置が大活躍します。代表的なものはもちろんサイコロでしょう。トランプカードや麻雀牌のシャッフルも乱数発生装置ですね。サイコロを使うすごろくは、偶然の要素がきわめて強いゲームです。トランプのポーカーやブリッジもそうですね。カードを配る前に念入りにシャッフルするのは、偶然の要素を重視しているからです。

ゲームの面白さは、偶然の要素と実力の要素がバランスよく入り交じるところから生まれます。実力があるほうが常に勝つような試合を観ても、つまらないですよね。かといって、完全に結果が偶然で決まってしまうような試合も、また観ていてつまらないものです。ジャンケンは（ほぼ）偶然で勝敗が決まりますが、「みているだけで楽しい」というものではありません。

ここまで話をしてきましたが、実は自然発生的偶然と人為的偶然のある重要な違いについてきちんと触れていませんでした。結論を先にいえば、**人為的偶然と違い自然発生的偶然には、何らかのかたちで「偏り」が入り込みやすい**、という特徴があります。だからこそギャンブルでは自然発生的偶然はふつうは使われませんし、逆にスポーツは自然発生的偶然を残すことで「運と実力」がミックスされた状態を作り出すのです。

偶然のなかの偏り

生活のなかの自然発生的偶然を偶然発生装置として用いる、つまりコインやサイコロの代用とすることも、できなくはありません。ギャンブル好きはなんでも賭けのネタにするといいますね。はるき悦巳の漫画『じゃりン子チエ』の主人公チエには、無職で博打好きの父（テツ）がいます。テツとその博打友達は、道端に陣取って「次に歩いてくるのは男か女か」で賭けをしています（**図10**）。

ただ、ここで「来るのは男か女かなので確率は2分の1ずつ」になるのかというと、そんなことはたぶんありません。特定の場所、特定の時間帯では通行人が男女どちらかに偏るのかは、ある程度推測できることもあるでしょう。夜8時の新橋駅前の飲み屋街であれば、男性に賭けたほうがおそらく有利です。逆に、平日昼間のショッピングモールの通路であれば、女性に賭けたほうがよいでしょう。かように、**自然発生的な偶然は何らかのバイアスを含みやすい、偏りに侵されやすい性質**を持っています。

公営ギャンブルである競馬の馬の順位も、明らかにシステマティックな偶然の結果ではありません。順位は、馬の血筋・体調、ジョッキーとの相性、その日の天気などさまざまな複

図10　『じゃりン子チエ』（双葉文庫）１巻第３話（45ページ）より
（2019年９月15日　第１刷発行）

合的要因で決まり、それらを体系的に考慮して計算することは不可能です。もしそれができたら稼ぐ仕事なんてしなくていいですね。他方で競馬の順位は、サイコロなみにランダムというわけではありません。したがって、自然発生的偶然を利用する場合、多かれ少なかれ予想の力量が試される余地が入ってきます。

これが自然発生的偶然の特徴なのです。つまり、基本的にランダムなのですが、人為的偶然に比べると一定の傾向性があり、偏りに汚染されやすいのです。そしてその偏りの発生・強さが測定しにくいのも、自然発生的偶然の重要な側面です。株価もそうですね。

自然発生的偶然でも人為的偶然でも、賭け事に利用するときにはしばしばオッズ（倍率、ペイアウト）が設定されます。たとえばカジノのルーレットでは、1から36の36個の数字に加え、ヨーロピアンでは0（計37個）、アメリカンでは0と00（計38個）のポケットがあります。ヨーロピアンでいえば、0を除く偶数は18個あるので、偶数のポケットにボールが入る確率は18÷37≒48.65％です。ペイアウトは2倍ですので、ルーレットは理論的には賭ける側が負けるように設定されています。

自然発生的偶然をギャンブルで利用するときも、オッズが設定されます。これが1・2のときは、1000円を賭けて勝てば1200円が戻ってきます。イギリスのブックメーカーはなんでも賭けの対象にしてしまうことで有名で、天気もそのなかに入っています。たとえば「一ヶ月後のクリスマスに、ロンドンで雪が降るかどうか」などです。当然ですが、寒いところにある都市のオッズのほうが低く——的中しても儲けは少なく——なります。

ただ、天気ならまだしも、人の活動が関わる出来事の偶然性はきわめて予測しにくいものが多く、そこにオッズを設定するならば、人為的偶然を利用したギャンブルに比べると、根拠はどうしても弱くなります。このように「自然発生的偶然を利用し、オッズを設定する」というやり方ではどうしても恣意性が入り込みますから、圧倒的に多くのギャンブルでは人為的偶然が優先的に利用されるわけです。負けてお金を失くすかもしれないだけに、せめてそれが純粋な偶然だという納得は欲しい、ということです。

ルーレット
写真：Alamy/アフロ

逆に自然発生的偶然には偏り要素と偶然要素の両方が混ざっていますから、それを強制納得装置として用いることは難しくなります。結果にクレームがつくからです。また、自然発生的偶然は、それを利用しようとしなくても、日常的に発生しているのでしたね。ここに深刻な問題が生じます。それは、なかには偏りの要素を強く意識しすぎてしまう人がいることです。極端な話、私たちは偶然を否定してしまうこともあります。

事故や不幸な出来事が起きたとき、「何らかの決定的な原因があったに違いない」と考えること自体はおかしなことではありません。偶然の要素があったにしろ、ある要素が存在している場合に、事故が「発生」に偏るのだ、と考え、その要素を除去して事故の発生確率を抑制しようとするわけです。

問題は、偏りと偶然のミックスは、一般の人には簡単には分離できない、ということです。だからこそ、偶然を完全に否定して、物事を単一の原因からのみ説明して、無理に理解しようとする人が後を絶ちません。その極端なケースは、偶然を宗教的に解釈することでしょう。サイコロの結果さえ、神の御心だと考えられることがあります。

コイン投げの恐怖

ここでは、偏りと偶然を一般の人がしばしば適切に分けられていないということを、コイン投げの例で説明してみましょう。私はさきほどからサイコロやコインを人為的偶然の例として出してきましたが、実は話はそんなに単純ではありません。

実は「コイン投げ」については、ちょっとした恐ろしい話があります。私たちはよく、順番を決めたり、何かの賭けをするときにコイン投げをします。それは、表と裏の出る確率が2分の1であると決めてかかっているからでしょう。しかし実際には、コインによっては表と裏の出る確率はずいぶんと違うのです。

貨幣として用いられるコインは多かれ少なかれ歪んでいてバイアスがかかっていますが、アメリカの1セント硬貨（いわゆるリンカーン・セント、**図11**参照）は特に歪んでいるといえます。このコインを使って特定のやり方（スピン）でコイン投げを行った場合、約80%の確率で裏が出るそうです。[*]

図11　リンカーン・セント

*Erica Klarreich, 2004, "Toss Out the Toss-Up: Bias in heads-or-tails", *Science News*, 165(9): 131-132. ちなみに1セント硬貨の「裏」とは、２０１０年まではリンカーン記念館

が描かれている面です。このコイン（メモリアル・セント）は、１９５９年から２００８年に鋳造されたものです。その前（１９０９年から１９５８年）は、「ウィートバック」（小麦デザインの裏面）と呼ばれる別のデザインでした。そして２０１０年以降、「ユニオン・シールド」という盾のイメージに変更されました。おそらくこの三種類の1セント硬貨それぞれで、表（表は常にリンカーンの顔）が出る確率は違うはずです。ウィートバック・セントは、ものによっては高い値段がついていますので入手が難しいですが、新しいシールド・セントをお持ちの方は、ぜひスピンの方法で実験してみてください。

実際に私も手元にあった1セント硬貨でやってみましたが、50回スピン試行して、表が出たのはなんとたったの13回（26％）でした。「コインは歪んでいる」ということは知っていたのですが、それでもあまりの偏りぶりに、少し驚いたものです。

あとで説明する統計学の手続きを使って計算してみたところ、「コインが偏っていない」という仮説が正しければ、これほどの偏りが出る確率は０・１％以下です。これは誤差（理論的偶然）の範囲内にはとうてい収まりません。コインが最初から偏っていると考えるべきです。リンカーンの顔が彫られている面のほうが重いので、そちらが下になる確率が高いのかもしれません。

読者のみなさんは分別があるのでそんなことはしないでしょうが、このことを知らない人がいれば、賭け事で簡単に儲けることができます。たとえば、「コイン投げ（スピン）で表が出たら君に１２０円あげるが、裏が出れば自分に１００円をくれ。ちなみにコイン投げは１００回する」という設定を提案すれば、たいていの人は乗ってくるのではないでしょうか。しかしここで80％の確率で裏が出るアメリカの１セント硬貨を使って、実際に80回裏が出れば、あなたは５６００円の儲けです。[*]

＊もちろん賭博は、イカサマがなくとも科料（罰金）に値することがありますので、くれぐれも注意してください。

統計学には「期待値」という概念があります。想定された確率で事象が生じるときの結果の平均値、のような考え方です。上記の１回の賭けの相手の儲けの期待値は、１回の賭け金とそれが発生する潜在的な確率である20％（＝０・２）を掛けた数、すなわち24円です。そしてあなたの儲けの期待値は１００円×０・８＝80円ですので、差額が56円です。だから、１００回やればあなたの儲けの期待値は５６００円になるわけです。期待値の計算を使えば、実は相手の賞金を４００円にして、はじめてトントンになります。ですので、上記の賭けの設定を「コイン投げで表が出るたびに相手に３００円、裏が出るたびに自分に１００円」という、相手にとって一見かなり「おいしい話」にしても、やはり何度もやっていればあなたが儲かるわけです。

これは、知らない人にとってはちょっとしたホラーストーリーです。もちろん、賭け金とその割当を最初に決めた上で何度もコイン投げをしていれば、あまりに表が出ない相手は不審に思い、割当を変えさせろ、と言い出すかもしれません。しかし偏りは、１回きりだと見つけることができません。

それにもかかわらず、コインを使った決め方というのはこの世に溢れています。有名な話だと、アメリカのオレゴン州最大の都市ポートランドは、その都市の命名にあたって二人の開拓者、ラブジョイとペティグローブが対立しました。ラブジョイは自分の故郷であるマサチューセッツ州ボストン、ペティグローブは自分の故郷であるメイン州ポートランドの名前を主張しました。さきほど述べたように、二人はここで「人為的偶然」の強制納得装置に頼ることにします。二人が選んだのは、お馴染みのコイントスです。その結果ペティグローブが賭けに勝ち、都市の名前がポートランドに決まったわけです。

このときのコインは、今でもポートランドのオレゴン歴史博物館に展示してあります。このコインがほんとうにバランスのとれたものかどうか、誰かにチェックしてほしい気もします。*

*ちなみに、歪んだコインを用いてランダムな結果を導く方法もあります。それは、コインを2回トスして、「表→裏」が出たらA、「裏→表」が出たらB、同じ面が続けて出たらやりなおし、のように設定し、AかBかを賭ける、というものです。こういった「ランダムさ」を発生させるアルゴリズムについては、さまざまな研究がなされています（この例については、Rod Stephens, 2013, *Essential Algorithms: A Practical Approach to Computer Algorithms*, Wiley. の29ページ参照）。

コインが歪んでいるとなれば、スポーツで行われるコイントスはどうだ、と不安になる人がいるかもしれません。実はちゃんとした公式のゲームならば、コインの歪みに関してはそれほど心配はいりません。というのは、コイントス専用の、かなりの程度バランスのとれたコイン（トスコイン）が用いられるからです。貨幣は流通・交換のために作られたもので、ギャンブル用に作られたわけではありませんから、人為的偶然発生装置に用いるためには一工夫必要になります。

ではサイコロはどうでしょう。サイコロは貨幣と違い、偶然発生装置以外に用いられることはないですね。しかしサイコロも、きちんと作られていないものには偏りがあります。つまり、６つの目の出る確率が均等ではありません。ちゃんとしたギャンブルで用いるダイスは「プレシジョンダイス」といって、目の出る確率を６分の１ずつにかなり近づけたものになっていて、高価なものだと１個１０００円以上するものがあります。逆にこのことを知らないと、サイコロを使ったイカサマに騙されてしまうかもしれません。

　コインやサイコロなどの偶然発生装置はそれこそ数千年の歴史があり、人はそれらをギャンブルに利用してきました。そもそも確率論のひとつの発端は、ギャンブルにあったといわれています。「人間は考える葦である」で有名なパスカルと、「フェルマーの最終定理」で有名なフェルマーは、サイコロを使った賭け事について往復書簡を交わすなかで、確率論の基礎を構築したといわれています。

　さて、先に「（トスコインの場合）コインの歪みに関してはそれほど心配はいりません」と書いたことが、次に重要になります。実は、コイン投げの結果にはコインの性能以外にも影響する要素があるのです。

　コイン投げの結果に影響する要素には、コイン自体の歪み以外にも、「投げ方」があります。さきほどまでは、コインをテーブルの上でスピンさせるという方法で話をしてきました。

スポーツの試合では、審判はコインをトス（上に投げるか、あるいは指でフリップ）します。それを手で受け止めるか、あるいは地面に落として結果をみます。

コインをトスした場合、スピンさせたときよりも偏りが減るようです。ただ、それでもバイアスが生じるという研究結果があります。その研究によれば、コイントスをした場合、最初に表を向けてトスすれば、表が出る確率が51％になるそうです[*]。

＊Persi Diaconis, Susan Holmes and Richard Montgomery, 2007, "Dynamical Bias in the Coin Toss", *SIAM Review*, 49(2): 211-235.

このように考えれば、コイン投げには計算が難しい自然発生的偶然の要素が入っていることも理解できるのではないでしょうか。コイン投げの表裏の出方に影響するのは、コイン自体の作り方以外にもいくつかの要素があります。試行の仕方としては、スピンかフリップかふつうに投げるか、どこで着地させるか、最初にどの面を上に向けるか、等々です。おそらく、これらの要素はコイン投げの環境――スピンさせるテーブルの微妙な傾きや風など――によって増幅される可能性もあります。多くの要因が複雑に絡み合って予測不可能な偶然が生じるという点では、コイン投げも他の自然発生的偶然も共通しています。

統計学における「偏り」と「偶然」の扱い

通勤途中に事故に遭うことも、何気ないコイントスをすることも、自然発生的偶然のグラデーションのなかにあります。つまり、偶然のなかにも、ある程度の偏り・傾向性が入り込んでいるわけです。

第三章で説明した因果の考え方は、特定の原因が結果に違い＝偏りをもたらすのかどうかを突き詰めるものでした。野球のゲームの結果は偶然に左右されるとはいえ、練習量も効果を持つかもしれない。それを確かめるための科学的な手続きが、因果推論です。因果推論ですから、**見出された偏り＝差＝効果が、偶然と判断できる範囲を超えて認められるかどうかが**判定されます。このための手続きのことを、統計学では「検定」と呼びます。

では、どうやって検定するのでしょうか？　さきほどコイン投げのところでちょっとだけ検定を使ったのですが、きちんと説明すると理屈はこうです。手元にある結果が、「偶然の範囲を超えているかどうか」を判定することが検定です。ということは、結果が偶然で生じうる範囲を別途計算しなければならない、ということですね。

統計学的検定の例として、「超能力テスト」を考えてみます。超能力テストは、確率計算の使い方として非常にわかりやすい、よい例です。

ある人が、自分には超能力があって、くじをよく当てることができる、と主張しているとしましょう。そこで、テストをすることにしました。具体的には、カードの裏に「Ａ」「Ｂ」と書き込んだものを２枚ずつ、計４枚入れました。これを、シャッフルして裏面を伏せて４枚並べます。このとき、ＡとＢがそれぞれ２枚あることは伝えてあります。Ａの位置を当てることができれば超能力（透視能力？）を認めよう、というわけです。

さて、このテストは、超能力テストとして有効といえるでしょうか？　超能力があるかどうかをみるためには、たまたまでも当たってしまうようなテストは避けるべきでしょう。そこで、このテストで適当に回答しても当たってしまう確率を計算してみましょう。

カードを並べる方法は、４つのスロットのうちどの２つを選ぶのかという「組み合わせ」の数になります。具体的には、ＡＡＢＢ、ＢＢＡＡ、ＡＢＡＢ、ＢＡＢＡ、ＡＢＢＡ、ＢＡＡＢの６通りです。２枚のＡは区別しませんから（つまりＡ１、Ａ２というふうに分けて考えない）、ここでは「順列」の情報は必要ありません。ここでテストを受ける自称超能力者は、

「真ん中の2枚がAだ」と答えたとしましょう。カードを表にすると、たしかにBAABでした。

このとき、この人はカードを透視する力がある、と認めてよいものでしょうか。だめですね。6通りのうち正解は1つですから、適当に答えても当たってしまう確率は6分の1、約16・7%です。16・7%という数字を「超能力」の基準とするのは、そうとうに甘いでしょう。つまり、これだとテストにならず、無効なのです。

ですので、カードの枚数や種類を増やすなどして、たまたま当たってしまう確率をもっと小さくする必要があります。昔、フィッシャー（第三章でも登場）が行った同様の実験は、「8個のうち4個当たりがあって、それを当てる」というものでした。これだと、たまたま当たってしまう確率は約1・4%になるので、ふつうの感覚からすればある程度有効でしょう。

さて、このようなテストでは、確率をどのように位置付けているのでしょうか。

コイン投げで何かを決めるときのように「偶然に任せて納得させる」ことでもなく、またギャンブルのように高揚感をもたらすために人為的に発生させた確率が使われているわけでもありません。ここで行われているのは、理論的な確率の計算です。「全くの偶然でも、どれくらい生じうるのか」という計算です。この架空の数値を別に求めておいて、それと実際の結果を引き比べて、その結果が偶然に生じる確率が十分に小さければ、「偶然とはいえない」と結論づけるわけです。これが伝統的な統計学*における確率の利用の仕方です。

＊ここで書かれているのは、統計学のひとつの体系である「頻度主義」という立場の考え方で、第三章で触れたように「ベイズ主義」では異なった考え方をします。ベイズ統計では、ここで説明しているものとはまた異なったやり方で確率を扱います。ここでは説明しませんので、ベイズ統計学についての入門書をご一読ください。

ただ、この点については、教科書を含むさまざまなところで若干の混乱がみられます。確率の教科書をみると、たいていコイン投げの例が出てきます。そこでは、「コインを投げて、表が2回連続出る確率は何％か」「5回コインを投げて、表が2回出る確率は何％か」といった問題をひたすら解かされるかもしれません。

ちなみにその教科書の答えはこうなるでしょう。最初の「表が2回連続で出る確率」ですが、コインで表が出る確率は2分の1なので、それが2回続くのは$\frac{1}{2}\times\frac{1}{2}$、つまり4分の1、25％です。次に「5回コインを投げて、表が2回出る確率」ですが、こちらは少し複雑です。手始めに「表表裏裏裏」が出る確率を考えると、２分の１の５乗、つまり０・０３１２５（３・１２５％）です。もちろん「５回コインを投げて、表が２回出る」パターンはほかにもあります。これには「組み合わせ」の知識を使いますが、一つ一つ数えてもよいです。数えてみると10通りありますので、０・０３１２５×10で０・３１２５、つまり31・25％ですね。

ただ、この章で「コイン投げの恐怖」について読まれた読者の方はもうおわかりだと思いますが、これはそもそも問題がおかしいのですね。この手の問題の正しい答えは「やってみないとわからない」です。というのは、通常のコイン投げには自然発生的偶然の要素がかなり入り込んでいて、理論的な確率計算の道具として使うのは不適切だからです。

何のためのコイン投げ？

教科書のコイン投げの例は、「二項分布」を理解させる手段として行われることが多いようです。二項分布とは、結果が二通りある（当たりとハズレとします）〈純粋な〉確率現象を複数回生じさせたとき、そのうちの当たりが出る回数の分布のことです。

図12をみてください。これは「5回くじを引いて当たりが出る回数」と、その回数ごとの確率との対応関係を表しています。直感的にわかるように、当たりの数が2回と3回である確率が最も高く、1回も出ない確率、5回とも当たる確率はそれよりもずっと小さいことがわかります。

この計算はどういう意味を持つのでしょうか。統計学が確率を扱う意味に立ち戻ってみましょう。それは、「今あるこの結果は偶然（たまたま）ではないか」というツッコミに対応するものです。この観点から考えると、実は「5回コインを投げて、表が2回出る確率」を初学者に求めさせるのはあまりよくないことだ、ということがわかります。それは、統計学における確率計算の使い方を理解させる練習にはなっていないのです。

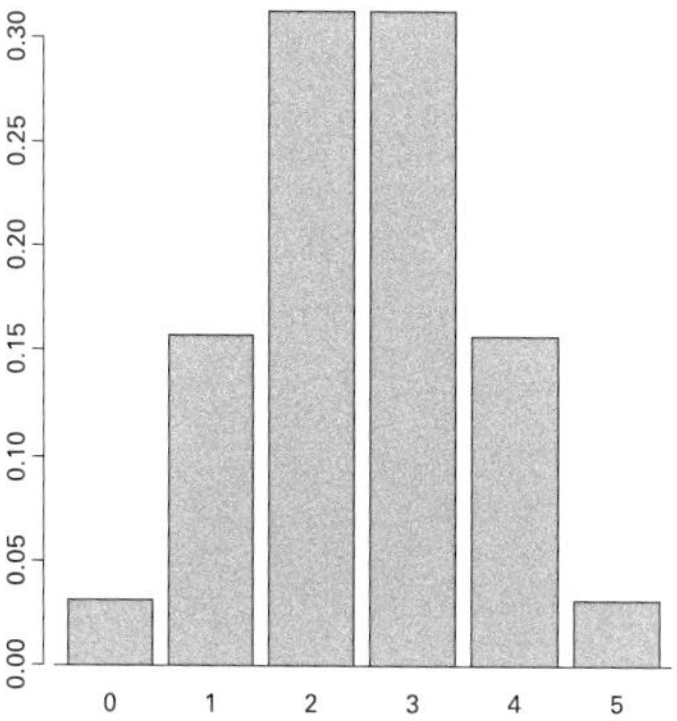

図12　二項分布（当たり確率1/2のくじを5回引いて、当たりが出る回数とその確率）

さきほど、〈純粋な確率現象〉という

言い方をしました。コイン投げは違います。一部の教科書では、コインの表が出る確率は、裏が出る確率と同じで2分の1だという前提で話が進みます。もし教室で、実際にコインを投げて二項分布を実感させるような体験型の授業を行う場合でも、やはり表裏の確率が2分の1だという前提で進めることが多いのではないでしょうか。

しかし、もしあなたが実践的な統計学者で、コンピュータで乱数的に2分の1の確率を発生させるのではなく、実際にコイン投げをする、あるいはさせるのだとすれば、その動機は別のところにあるはずです。それは、「ほんとうにこのコインはバランスがとれていると判断してもよいのか」を確かめることです。だって、そのコインが真にバランスのよいものであるのかどうかは、まだわからないからです。

では、今手元にあるコインが十分にバランスがとれていると判断していいものかを確かめるためにはどうしたらいいのでしょうか。「何度も試行して確かめる」というのがまず思い浮かぶ手段でしょう。イギリスの数学者ジョン・ケリッチは、第二次世界大戦中ナチスによって収監された際、獄中でコイン投げの実験を行ったそうです。そのとき彼は、1万回コインを投げて、表の回数を記録し、回数が多くなるのにしたがって表の割合が2分の1に近づくことを確かめたそうです[*]。

＊この例は、John. E. Kerrich, 1946, *An Experimental Introduction to the Theory of Probability*, Copenhagen, Einar Munksgaard. のなかの「10,000 spins of an ordinary coin」（ふつうのコインの1万回スピン）」というセクションに収められています。回数を重ねると、特定の値に近づいていくことを、統計学では「大数の法則」と呼びます。

ただ、コインを投げる回数をいくら増やしても、実は「このコインは〈真に〉バランスがとれているのか」を数値的に判断することはできません。なぜでしょうか？

たとえ表が出る潜在的な割合が２分の１の完璧なコインがあったとして、それを使っても、誤差のせいで実際の結果は表が出る回数が２分の１ぴったりになることはあまりありません。それはそうですよね。試しに「完璧なコイン」を2回投げてみるとしましょう。結果は、必ず「表が1回」になるわけではないですね。たまたま2回とも表が出ることだってあるでしょう。

ただ、「2回しか投げないからそうなるのでは」といいたくなりますね。では何回投げればよいのでしょうか？

二項分布を使えば計算できますが、完璧なコインを用いたとしても、たとえば１００回コイン投げを試行してぴったり50回表になる確率は約８％にしかなりません。というのは、偶然によるばらつきがあるからです。実際には、49回や52回になることも多いでしょう。完璧なコインでも、44回以下や56回以上（±５より大きな誤差）になる確率は実は27％ほどあります。試行が１００回であれば、44回以下や56回以上の値になる確率は４％より小さくなるので、結果がこの範囲に入るのであれば「このコインはバランスがとれていない」と判断すべきでしょう。

ここで行われていることは、さきほどの検定の手続き、つまり実際のコイン投げを行うのとは〈別に〉確率計算をして、特定の確率の範囲から外れた結果（たとえば１００回投げて±11以上のズレ）が出たときにコインはバランスがとれていない、といった判断する、という手順です。想像できると思いますが、投げる回数を増やせば増やすほど、小さなズレ（誤差）の範囲でコインの判定ができます。

しかしいくら回数を増やしても、「このコインの表が出る潜在的な割合はぴったり２分の１だ」ということは確かめられません。誤差はどこまでもついてきます。０・９９９９……といくら続けても「１」にはならないように、無限に投げてもコインが完璧かどうかはわかりません。わかるのは、「完璧だと想定したとき、今回の試行の結果が得られる確率はどれくらいか」ということです。

　これが、通常の統計学の確率の考え方です。ここからすれば、「コインは表の出る確率が2分の1だから……」という想定を先に立ててコイン投げをするというのが、いかに奇妙な作業なのかがわかるでしょう。

　このあたりの説明を丁寧にしないでコインやサイコロの例を使っている統計学の教科書やウェブ上の記述がかなり多いのですが、これは気をつけるべきところです。「コインを投げること」「サイコロを振ること」は、質問紙（アンケート）調査において対象者をランダムに抽出（サンプリング）して、その結果を集計することと、統計学的には同じです。たとえば働いて給与をもらっている人の平均賃金（時給）が知りたいので調査をするとしましょう。サンプリングするたびに、その結果はちょっとずつ変わります。これが誤差です。サンプリングするごとに対象者が違ってくるから、その都度、計算する給与の平均値も確率的に変わります。コインでもサイコロでも同じです。

　このとき、その結果を最初から「1000円だ」と前提して調査研究をする人などいませんよね。調査をすることで知りたい答えが先に得られてしまっているなんて、おかしなことです。実際にやることとは、平均時給が1000円だとしたときに、今回のサンプルから得られた平均値９８０円は無理がない数値かどうか――偶然の誤差の範囲内といえるか――を知ることです。

同様に、サイコロを振るときも、「１の目の出る割合は全体の６分の１だ」と先に前提することは、ちゃんとした統計学者ならばしないわけです。

それにもかかわらず、コインやサイコロの例はしばしば統計学のテキストブックで次のような使われ方をします。「サイコロを投げて、１が連続して２回出る確率はどれくらいか？ 答え：１／36（約２・78％）」。もちろん、これは問題として成立しません。繰り返しますが、答えは「わからない」であるべきですし、誤差も考慮されていません。しばしば統計学入門の教科書では、こういったコインやサイコロの例のあとで、それとは切り離された話として誤差の話を展開します。だから初学者にはわかりにくいのです。

繰り返しましょう。「コインを2回投げて続けて表が出る確率は何％か」という問題を出して、答えとして「25％」を求めることは意味をなしません。この問題はあたかも、「調査をして、雇用されて給与をもらっている人の平均時給はいくらか」という問題を出されているようなものです。もちろん答えは、「実際に調査をしてみないとわからない」です。統計学の授業で上記のような問題が出されたら、このように答えておきましょう（点数は保証できませんが……）。

もしコイン投げに類する確率の問題を出すとすれば（ちゃんとした教科書ではそうされています）、「ただしこのコインの表と裏の出る確率は2分の1ずつとする」といった注釈をつけなければなりません。ただ、個人的にはこのような非現実的な想定をすることは不必要だろうと考えます。実際の確率現象と、理論的な確率を比べることが統計学的検定の肝なのですから、これらの差を曖昧にしても、いいところなどないでしょう。

理論的な確率を計算する際には、実際に確率現象を発生させる必要などありません。それでもあえてやってみたいのならば、コインの例ではなくて、「コンピュータで、表と裏の出る確率を2分の1に設定した乱数」を使う、ということを検討したほうがよいでしょう。

乱数（random numbers）とは、何ら法則性がなく並んだ数字のことです。コンピュータで発生させたランダム性は完全な乱数にはならない（一定の法則がある）という問題が指摘されることもありますが、実用的にはランダムとみなしてもほぼ問題ありません。

ランダムに数を発生させる道具や仕組みのことをひっくるめて「乱数発生器 random number generator」といいます。この章の趣旨だと、偶然発生装置といってもよいでしょう。

コインやサイコロも乱数発生器ですが、確率の偏りや使い勝手にこだわらなければ、いろん

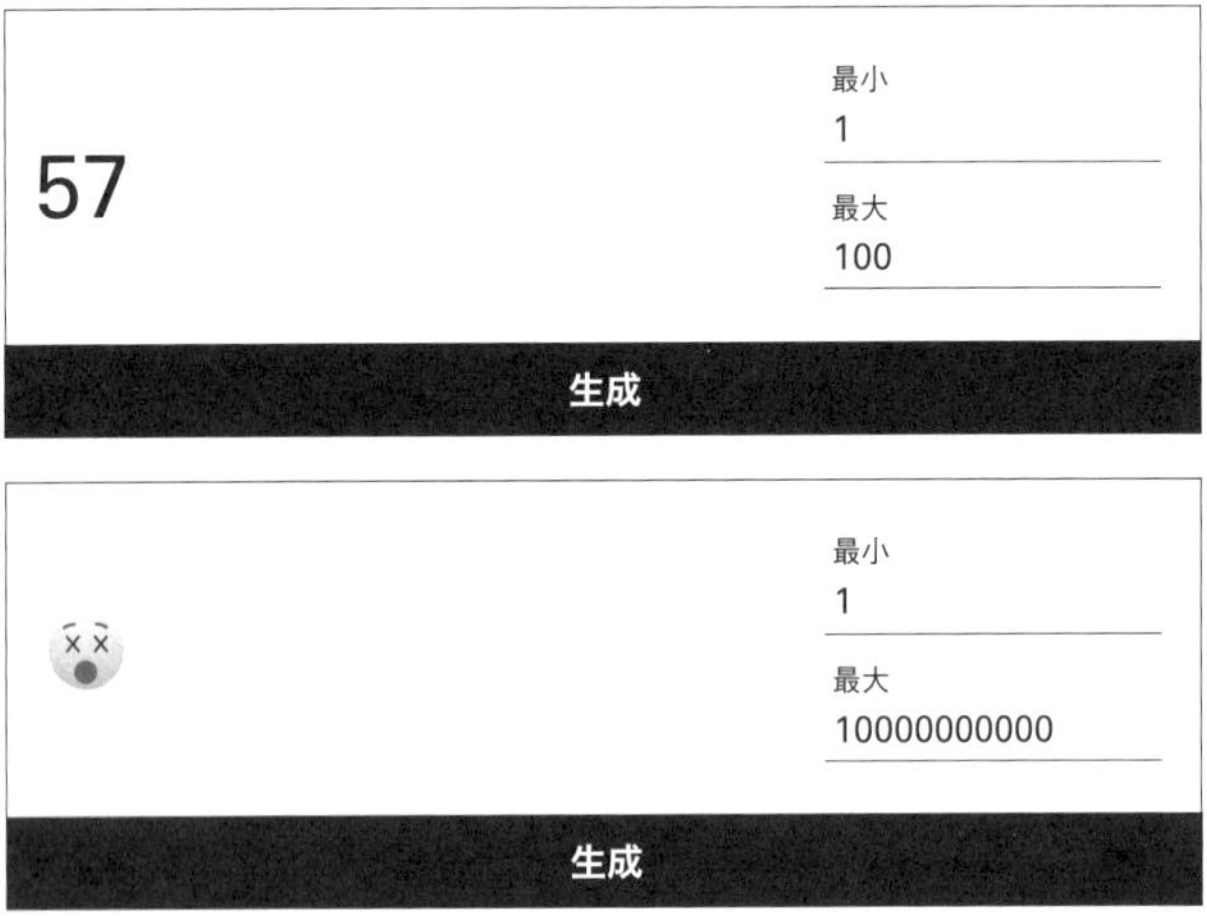

図13　Googleの乱数発生装置

なものを乱数発生器として用いることができます。たとえば本をパッと開いて、右のページ番号の一桁目が0〜4なら勝ち、5〜9なら負け、といった使い方ができます。

もっと厳密に偶然を発生させたいときは、コンピュータを使います。ウェブ上には、仮想的にサイコロを振ってくれるサービスがあって、検索すればいくつか出てきます。Googleで“random number generation”と検索すれば、任意の範囲（たとえば1から100）でランダムに自然数を出力してくれるサービスがトップに出てきます。この数字を1から6にすれば、非常に正確なサイコロになります。執筆時点で確認したところ、1～10億くらいまでならば乱数を返してくれるようです。特定の値以上になると計算能力を超えるようで、**図13**のような残念なアイコンが返ってきます。試してみましょう。

帰無仮説と八百長問題

さて、ここまで、いくつかのかたちの確率が登場してきました。ひとつは理論的に定義できる確率で、「正確に2分の1の確率で生じる出来事が2回続けて生じる確率は4分の1である（ただし1回目は2回目に影響しない）」というふうに、計算で使える確率です。もうひとつはコンピュータの乱数のように、それに限りなく近づくことができる実際の確率現象です。最後に、自然発生的偶然に含まれる確率です。貨幣のコインなどのように、「実際にはバランスがとれているかどうかわからない」ような装置によって発生する確率現象は、コンピュータの乱数と自然発生的偶然の中間にあると考えてよいでしょう。

ここで、すでに説明した統計学的検定について、実際に統計学で用いられる用語を用いながら体系的に説明してみます。とはいえ、話をわかりやすくするために、具体例を紹介しながら説明します。
さきほど少し触れましたが、事前に「平均時給は１０００円だろう」という仮説を立てて、その仮説が正しい場合に、サンプリングによって生じる誤差として調査の結果（たとえば平均１０５０円）がどのくらいありうるか、を検証することが統計学的検定の手続きです。事前に立てるこの仮説を統計学では**「帰無仮説」**と呼びます。同様に、「表が出る割合は2分の1だろう」という仮説を立てて、実際に得られた結果から、この仮説が否定（棄却）されるかどうかを検証するのが統計学です。

帰無仮説にはしばしば、「純粋な偶然だとしたらこうなるはずだ」という状態が設定されます。この場合の「偶然だとしたら」は、とりあえず「不自然な、あるいは人為的な偏りがなければ」といった意味だと考えてください。スポーツの世界で「不自然」といえば、八百長ですね。ここでひとつの例として、経済学者のＳ・Ｄ・レヴィットが行った日本の大相撲の八百長問題の解明を紹介しましょう。*

*Ｓ・Ｄ・レヴィット、Ｓ・Ｊ・ダブナー、望月衛訳、２００７、『ヤバい経済学〔増補改訂版〕』東洋経済新報社

大相撲の幕内・十両力士は、ひとつの場所で15回の取組を行います。大きな目標は「勝ち越し」、つまり8勝することです。同じひとつの勝ち星差でも、9勝と8勝（どちらも勝ち越し）の差と8勝と7勝（7勝だと負け越し）の差は全く意味が違います。なにしろお給料（給金）が勝ち越しかどうかで大きく変わってくるからです。ですので、14日目までにすでに勝ち越しを決めている力士と、最終日の15日目（千秋楽）の取組次第で勝ち越しか負け越しが決まる（14日目までに7勝7敗）力士とでは、千秋楽での同じ1勝の価値が全く違うのです。

こうなると、こっそりと事前に勝ち負けを取り決める八百長のインセンティブが強く発生します。「明日はうちの部屋の力士が勝ちを譲るから、今度逆の状況になったらお願いしますよ」のような裏取引ですね。

八百長があるのかどうかを捜査して調べるという手もありますが、レヴィットは統計学的検定の手法でそれに挑みます。レヴィットは、ある二人の力士が上記のような勝ち星の価値に差がある状態で対戦した場合と、それ以外の通常の取組をした場合での勝率の違いを算出しました。すると、勝ち越しがかかっている力士の勝率が大幅に高くなっていて、偶然（誤差）の範囲を超えていたのです。

この場合の帰無仮説は、「勝ち越しがかかった一番でもその他の一番でも、条件がそろえば結果は同じ」というものでした。結果的に帰無仮説は棄却されたのです。もちろん帰無仮説が棄却されたこと自体は八百長を積極的に立証するものではありません。勝ち越しがかかった力士とそうではない力士の意気込みの差かもしれません。ただ、レヴィットが算出した勝率の差は、勝利への意気込みではとうてい説明できないくらいの差でした＊。

＊２０１１年には、別件で押収した力士の携帯電話の記録から八百長の直接の証拠が出てきてしまい、結果的に大量の力士が引退勧告を受けるなど、大きな問題になりました。

無作為に抽出する理由は？

これまでも何度か誤差という言葉を使ってきました。改めて誤差（ランダム誤差）を定義すると、「偏り、つまり実際に存在する差ではなく、偶然で発生するばらつき」のことだといえます。たとえば男女間で自民党支持率が違うのかどうかを調べたいとします。架空の数値ですが、男女50人ずつ、合計１００人のランダムに選んだ人たち（サンプル）では、女性の支持率が30％、男性が40％だったとしましょう。[*]

＊昨今の社会調査では、性の多様性を念頭に、性別の設問を「男性／女性／その他・答えたくない」といった三択にすることが増えました。ここでは話を単純にするために、男女というカテゴリーを用います。

この差が偶然の範囲内かどうかを検討するわけですが、このときの帰無仮説は「支持率に男女差がない」です。つまり、ほんとうは差がないのに、サンプリングの偶然でサンプル内の支持率に男女差が出たのかどうか、つまり10ポイントの差は誤差の範囲内といえるのか、をみるわけです。実際に計算すると、この差は偶然でも十分に生じうる――男女に差がない母集団からサンプリングしてもこれくらいの差は生じうる――のですが、ここでは手続きの説明を続けましょう。

このとき、男女50人はそれぞれ、できるだけ純粋な人為的偶然発生装置、たとえばコンピュータで発生させた乱数を用いて、ランダム（無作為）に選ばれていることが理想的です。

では、なぜランダムにサンプリングすることが必要になるのでしょうか？

実はこの問いにちゃんと答えている統計学の教科書はそれほど多くありません。通俗的な理解は、「ランダムに選ばないと偏りが出るからだろう」というものでしょう。それはそのとおりなのですが、もう一歩踏み込んでみましょう。

観察された差が誤差の範囲内なのかどうかをみるためには、差が自然発生的偶然に汚染されていてはだめです。たとえば永田町の地下鉄「国会議事堂前駅」改札を夕方6時に通る男女50人を選べば、多くは官僚の人でしょうから、自民党の支持率に一定の傾向性が出てくる可能性があります。じゃりン子チエのテツの賭けと同じですね。

そこで統計学的調査では、自然発生的偶然ではなく人為的な偶然をそこに持ち込みます。その理由は、「そうしないと誤差の計算ができなくなるから」です。「もともとの集団で男女差がないとすれば、サンプルで10ポイントの差が発生する確率は○%だ」というふうに計算をするのですが、これは、理論的に計算された確率と、人為的偶然により抽出した確率現象を対応させることで意味を持ちます。

「統計学は偶然を統御するものではないか」と思う人もいるかもしれませんが、むしろ逆です。統計学は、**人為的に偶然を発生させ、それを挿入することで、確率計算を可能にする技法**なのです。

当然ですが、サンプリングの結果得られたサンプルの特性は、サンプリングごとに異なります。「京都市の住民の平均年収」を調べたいとします。人為的に発生させた乱数を用いた１０００人からなるサンプルを用いて平均年収を計算すると、４５０万円でした。この平均年収は、確率現象です。違ったサンプルをもとに計算すると、当然ですが、その都度異なった平均値が出てくるでしょう。

住民からのランダムサンプリングではなく、四条烏丸の交差点を行き来する人を対象に１０００人をサンプリングすることを繰り返したとしても、やはり「その都度異なった」平均値が出てきます。ただ、これは自然発生的な偶然による確率現象です。自然発生的な偶然の特徴は、雑多な偏りがそこに入り込み、それを純然な偶然と切り離すことが難しい、ということです。これに対して人為的な偶然を用いてランダムサンプリングをすれば、サンプル間のズレは、理論的確率に則って発生する誤差として理解することができるわけです。これがランダムサンプリングをする理由です。つまり、サンプルの代表性を確保すると同時に、自然発生的偶然を統計的に対処できる偶然に置き換える、ということです。

ただ、実は話はここで終わりません。サンプルデータをもとにした統計学的検定は、「どの対象者を選ぶか」による偶然について、それを人為的・厳密な偶然に変換することで、誤差の確率計算を行えるようにする手続きでした。しかしながら、さきほどの年収の平均値についていえば、「どの対象者を選ぶか」ということ以外の自然発生的偶然の要素によってもズレが生じます。

このことは、サンプリング調査ではなく全数調査のデータを用いれば、よりはっきりとします。サンプル調査とは、対象となる個体の一部をランダムに選んで観察する方法です。これに対して全数調査は、対象となる個体のすべて（これを母集団といいます）を観察します。第一章で紹介した国勢調査もその一種です。

ここで、「全部調査しているのだから、誤差は生じないだろう」と思う人もいるかもしれません。「毎回同じ対象者を調査するのだから、結果も同じだろう」というわけです。しかし実はそんなことはありません。

「全数調査では誤差は生じない」という見方が怪しいのは、次のような例で簡単にわかります。たとえばある小学校の6年生のある学級の女子生徒の平均身長を調べることにしましょう。全員で20人なので、気軽に全数調査できますね。では、実際に測定して平均値を計算しましょう。すると、146・2センチメートルでした。全数調査なので、これが「真の値」でしょうか。

もしこれが「真の値」ならば、何度調査をしても同じ値が出るはずですね。ではもう1回測定して平均値を計算しました。しかし今度は、なんと１４６・４センチメートルでした。

これは架空の例ですが、よく考えてみれば、何度測定しても同じ値になるほうがある意味で不思議ではないでしょうか。というのは、少なくとも測定の際の誤差が必ず入り込むからです。測定機器の精度の問題もありますし、測り方――どのような姿勢で立っているか、測定時の髪の状態、などなど――が絶対に全員同じであることもありえないでしょう。おそらく、たった一人の身長を測定する際にも、測るたびに小さなばらつきは生じるはずです。学級のなかの20人、あるいは「東京都に住んでいる成人男性の平均身長」のような場合でも、何度全数調査をしても相当の誤差が発生することは容易に想像できます。

それに、「真の値」の定義の問題もあります。さきほどの小学6年生の例でもそうですが、厳密にいえば身長は少しずつ成長に合わせて伸びています。ですので、「２０２０年４月１日午前10時時点の身長の平均」といった指定をしないと、「真の値」の定義はできません。ならば、その時点で正確に一斉に測定をしなければなりませんが、それも無理でしょう。

もちろん、測定誤差や定義の問題は、実用的には大きな問題にはならないことも多いです。それでも「全数調査には誤差がない」というのは、正確な言い方ではありません。個人を対象としたアンケート調査では、しばしば「昨年1年間の年収」を聞き出しますが、ここにはかなり大きな測定誤差が入り込むはずです。多くの人は正確に昨年度の年収など覚えていないでしょう。親からもらったお金をカウントするかどうかなど、人によって「年収」にブレが生じることもあります。全数調査から計算した値が「真の値」であるとはとうていいえません。

全数調査でも誤差が残るとすれば、人為的偶然を活用したランダムサンプリングにはどういう意味があるのでしょうか?

全数調査においても生じる自然発生的誤差のなかには、「どの対象者を選ぶか」を人為的偶然にしたサンプリングによって対応可能なものもあるでしょう。年収をきちんと覚えられていないために生じる誤差も、「忘れた人」をランダムにピックアップできる場合には確率的に計算できる誤差に変換できます。

要するにこういうことです。「全数調査なら誤差は発生しないが、サンプリング調査ならサンプルごとに誤差が出てくるから、検定をしなければならない」ということではなくて、「さまざまな要因で発生する自然発生的誤差のうち、ランダムサンプリングという人為的偶然の挿入によって、計算できる誤差に変換できるものと、できないものがある」ということです。

変換できないものについては、いくら統計学的に正しい確率計算をしても、対応できません。年収について尋ねるとき、「過大申告」が体系的に発生する場合、それは偶然の誤差ではなくはっきりと「偏り」ですから、いくら厳密な人為的偶然を用いてサンプリングしても修正できません。調査の設計を変えるか、結果を補正するしかありません。

人々のメンタルな状態を調査するときに、「ここ２、３日で憂鬱になることがありましたか」という質問をしたとします。このとき、調査の何らかの都合で回答が日曜の晩に集中したとしましょう。すると、他の曜日・時間帯に調査するよりも、もしかすると「あった」という回答が増えるかもしれません。この場合、やはり「対象者をランダムに選ぶ」ことでは偏りは解消できません。対応するには、ランダムに調査の曜日・時間帯を選ぶしかなさそうです。

観察時間のランダム化も一種のランダムサンプリングですが、たいていの教科書では個体――人間――のランダムサンプリングのみを説明し、時間のランダムサンプリングについては触れません。そして実際に行われるサンプル調査でも、個体のサンプリングを人為的偶然で行うことがほとんどで、誤差をもたらすその他の要因に人為的偶然を挿入することはしません。

さまざまに発生する自然発生的な偶然による結果のばらつきのうち、個体のランダムサンプリングによって対応できるものは何か、ということを必要に応じて考える必要があります。とはいえ、個体のランダムサンプリングを優先的に行うことには十分な意味もあります。このことは第五章に関連しますので、ここでは次の話に行きましょう。

ランダムサンプリングとランダム割付

ところで、統計学で人為的偶然を用いるとき、代表的な二つの使い方があります。ひとつはすでに説明してきたランダムサンプリング、つまり対象者（個体）をランダムに選ぶことです。

もうひとつは、第三章で紹介した無作為化比較実験です。ランダムサンプリング（無作為抽出）は調査観察で用いられる方法ですが、実験では無作為割付（ランダムアロケーション）が用いられます。すでに説明したとおり、無作為割付は何らかの方法（たいていは無作為抽出ではない、応募など）で選ばれた対象者を無作為に分割することです。こうすることで、自然発生的にばらついているさまざまな個体特性が、確率的に均等に割り振られます。

ただ、「確率的に均等に」ということは、「均等に」ということではありません。ここにも偶然による誤差が生じます。ただし、これは計算できる誤差になっています。

次のような実験を考えてみましょう。数学の学習効果における少人数授業の効果を測定するために、40人の生徒を集めます。20人（処置グループ）には一ヶ月の少人数の数学授業を、残りの20人（統制グループ）には通常の学級規模の数学授業を同期間受けてもらい、実験前後の数学スコアの変化をみようという計画です。

40人は無作為に割付されていますので、「家庭環境」「学習効果」「数学が得意・不得意」などの特性は確率的に均質化されます。実験の結果、処置グループでは10ポイントの改善が、統制グループでは3ポイントの改善がみられました。

この10ポイントと3ポイントという数値ですが、仮に同じ実験を別の無作為割付で行った場合、全く同じになるかというと、おそらくならないでしょう。無作為はあくまで無作為、ばらつきは当然あります。

極端な話、こういうことも起こりえます。実験を担当する研究者がなんともツキから見放された人で、たまたま処置グループ（少人数授業を実施）のほうに数学の学習効果が低い生徒が固まってしまいました。その結果、処置グループのスコア改善が7ポイント、統制グループが5ポイントと、それほど差がつきませんでした。
ただ、「たまたま処置グループに特定の特性を持つ生徒が固まったかどうか」は、誰にもわからないことです。しかしわかることもあります。グループ間の差が、割付の偶然で起こりうる範囲なのかどうなのか、ということは検定で判明するのです。たとえば、「ほんらいは少人数授業の効果がない場合に、今回の2ポイント差という結果が出てくる確率は○%」といった計算が可能になります。

なぜこれができるのかといえば、人為的偶然（コンピュータの乱数など）によって割付を行っているからです。無作為抽出と同じ理屈ですね。人為的偶然による無作為抽出を使ったからこそ、誤差を計算できるようになるわけです。

人為的偶然による無作為化は、さまざまな場面で使える技法です。有名なのはフィッシャーの「Lady Tasting Tea」実験です。いろんな統計学の本で紹介されているので、ここでは簡単に説明します。ネタは「ミルクティー」です。

フィッシャーが、自分が実験研究をしているロザムステッド農事試験場で、ある藻類学者（M・ブリストル）と紅茶を飲もうとしたとき、ブリストルが「自分は、紅茶を先に注いであとからミルクを注いだものと、逆のものを区別することができる」と主張しました。そこでフィッシャーらは、ブリストルのこの能力が本物であるかどうかをテストします。具体的には、それぞれの方法で淹れた紅茶をブリストルから見えないところで４杯ずつ合計８杯準備して、ブリストルには「このうち４杯は、先に紅茶を注いだものだ」と伝え、その４杯を当てさせるのです。８杯から４杯を選ぶ組み合わせは70通りあって、正解はそのうちひとつだけですから、偶然に当たる確率は１÷７≒1.4％です。ですから、もしブリストルがこのテストをパスすれば、ブリストルの選択は偶然によるものとは考えにくくなります。ちなみに、ブリストルはこのテストをパスしたそうです。「正解の選択は偶然である」という帰無仮説は棄却されたわけですね。

　さて、このような事例において統計学は偶然をどのように活用しているのでしょうか。紅茶テイスティング実験をこのように説明しただけでは、確率計算は使っているものの、偶然は使っていないような気もしますね。

　実はこの実験では、あまり目立ちませんが人為的偶然が使われています。フィッシャーたちは、紅茶を出す順番をシャッフルしてランダムにしたのです。なぜランダムにしたのでしょう。理由のひとつは、人は８杯の紅茶を同時にテイスティングできないということです。どうしてもあとで飲む紅茶は温度が下がりますし、もしかするとよくわからない理由で味が変わるかもしれません。

　重要なのは、そこにどういう理屈があるのかは不明だとしても、あるいは不明だからこそ、ブリストルの実力を公平に知るためにはミルクティーをランダムに並べるに越したことはないということです。「不明だからこそ」というのは、結果に影響しうる要因がはっきりわかっていれば、それを人為的に除去（コントロール）すればよいからです。これこそが統計学の発想の基本にある考え方なのです。

誤差を減らすには？

　統計学は、自然発生的なばらつきのある現象に対して、人為的な偶然を差し挟むことで、そこから確率的に処理できる結果を導く技法なのでした。ただでさえ偶然に左右される出来事に対して、あえて偶然をぶつけることで計算可能性を獲得するというのは、なんとも巧妙な技法です。

　ただ、統計学者は、観察や実験をするごとに結果がばらつくのは仕方がないとして、可能な限りこのばらつきの大きさを減らしたいとも考えてきました。どうすれば誤差の大きさを抑えることができるのでしょうか？

代表的な方法は、層化です。第三章の無作為化比較実験のところでも触れましたね。因果推論を実験で行う場合、処置（例：薬を処方する）群と統制群の個体特性を均質化することが目的なのですから、もし薬の効果に影響する特性の一部があらかじめわかっている場合、その特性（たとえば性別や年齢）をくじ引きではなく計算で均等に割り振ってしまったほうが、偶然に任せるよりも誤差は小さくなります。

それでもあえて人為的偶然による割付を行うのは、未知の、あるいは見た目や自己申告では判別しにくい要因を層化することができないからです。

このことは、調査における無作為抽出でも同じです。無作為割付は実験で使用される手続きで、その目的は薬の効果など、何か介入的な処置を行った場合の効果を推定することにあります。これに対して無作為抽出は調査で使用される手続きで、その目的は何らかの状態の分布をみることにあります。たとえば「現政権の支持率」などですね。

ただ、無作為抽出の役割については、統計学の教科書を含めてあまり適切に説明されていないことがあります。ここでは順を追って簡単に説明します。

「政権の支持率」を例にお話ししましょう。政権への支持率を調査するときは、対象が大きいので、全数調査ではなくサンプリング調査がなされます。もちろん全数調査でも測定誤差や調査時点のズレなど、誤差をもたらす要因はたくさんありますが、対象となる個体のサンプリングに起因する誤差は避けることができます。全数調査を行わないのは、たいていの場合コスト上の理由です。お金がかかりすぎるのですね。

もしサンプリング調査でより正確に支持率を知りたいのなら、支持率に影響することがわかっている要因で対象を層化することが有用です。割付における層化と同じです。たとえば男性のほうが支持率が高いことがわかっているとき、性別までも無作為に抽出してしまうと、偶然に男性が多めのサンプルを抽出してしまって、ほんらいの支持率よりも高い結果が出てしまうかもしれません。

もちろんこの場合も、すでに計算によって処理される偶然になっているわけですから、その意味では問題ないのですが、それでも偶然によるばらつきは小さいほうがいいわけです。最初からサンプルの男女比が全体の男女比と同じになるように割り当てたほうがいいに決まっています。

この調子で、支持率に関連する要因でどんどん層化していけば、かなり精度の高い推定が可能になります。

A	既知で層化できる要因	→	層化によって母集団とサンプルの分析を一致させる
B	既知だが層化できない要因	→	無作為抽出によって母集団とサンプルの分布を近似させる
C	未知の要因	→	無作為抽出によって母集団とサンプルの分布を近似させる

表２　要因の特性に対応したサンプリング方法

ただ、残念ながら実際にはこれは無理です。理由は二つあります。

ひとつは、たとえ要因がわかっていても、母集団におけるその分布が不明なことが多いからです。性別や年齢ならば住民基本台帳などに記載されているので問題はないでしょうが、たとえば職業となると難しいです。この場合、無作為に抽出することで、サンプルの職業構成が母集団のそれにできるだけ近くなるようにするしかありません。

もうひとつの理由は、そもそも支持率に影響する要因に不明なものが、おそらくたくさんあるからです。性別や年齢などのわかりやすい特徴で層化（グループ化）した上でも、支持する人と支持しない人は分かれます。層化を増やしても同じです。たとえば「40歳、女性、大卒、管理職……」と分けていって、あてはまる人数が20人になったとしましょう。その集団に属する人の支持・不支持が完全にそろったら層化は成功です。しかしそんなことはふつうはないでしょう。観察されていない未知の要因がまだまだたくさんあって、それが支持率に影響するのです。

こういった無数の未知の要因について、逐一調べて層化をするくらいなら、いっそのこと無作為に抽出すれば、未知の要因の分布を母集団とサンプルで近づけることができます。

以上を**表2**（前ページ）にまとめました。

「たまたま新橋駅前を歩いている人をつかまえて調査する」といったやり方だと、サンプルに入るかどうかが自然発生的偶然に任されてしまって、サンプル形成に未知のバイアスが紛れ込んできます。BとCに対応するためには、無作為抽出をするしかないのです。

さて、この章では「偶然と確率」を統計学がどう処理しているのかについて説明してきました。典型的な教科書による説明よりも一歩踏み込んでいますので、ところどころ難しい箇所もあったかと思います。

ただ、筆者は、従来の教科書の説明はなんだか物足りず、場合によっては不適切な説明も入っていたのではないか、と感じています。そのために、「どこかわかりにくい」という印象を持つ人がいたはずなのです。この章の説明で、少しでもこの「わかりにくさ」が減っていればいいな、と思います。

第五章

分析のセンス

データの構造と大きさ

第三章で因果推論について話をする前に、統計学の三つの潮流についても触れました。因果推論のほかは、「ベイズ統計」と「ＡＩ・ビッグデータ」です。この章では、もう少し広い視野からいくつかの統計学的な立場を俯瞰します。その目的は、数字と付き合うなかで「さまよわないように」することです。特に注目するのはＡＩ・ビッグデータです。

データ分析の世界は最近大きく変化しています。その変化を後押ししているのが、電子化の浸透と計算機性能の向上です。たとえばインターネットでの買い物や店舗での電子決済が増えれば、これまで分散したかたちでしか残されていなかった私たちの購買行動のデータが大量に手に入るようになります。いわゆるビッグデータです。そして計算機（コンピュータ）の性能が向上すれば、これまでできなかった複雑な計算が瞬時にできるようになります。ベイズやＡＩを使った統計解析の（再）登場です。

ただ、こういった新しい動きと、これまで構築されてきた統計学の考え方や手法を全く異なったものとして理解する必要はありません。俯瞰してみれば、意外なほどシンプルに整理できるのです。この章では、データの「構造」と「サイズ（大きさ）」という共通の観点から、

月	売上（万円）
1 月	70
2 月	56
3 月	61
4 月	68
5 月	65
6 月	59
7 月	66
8 月	49
9 月	62
10月	67
11月	69
12月	83

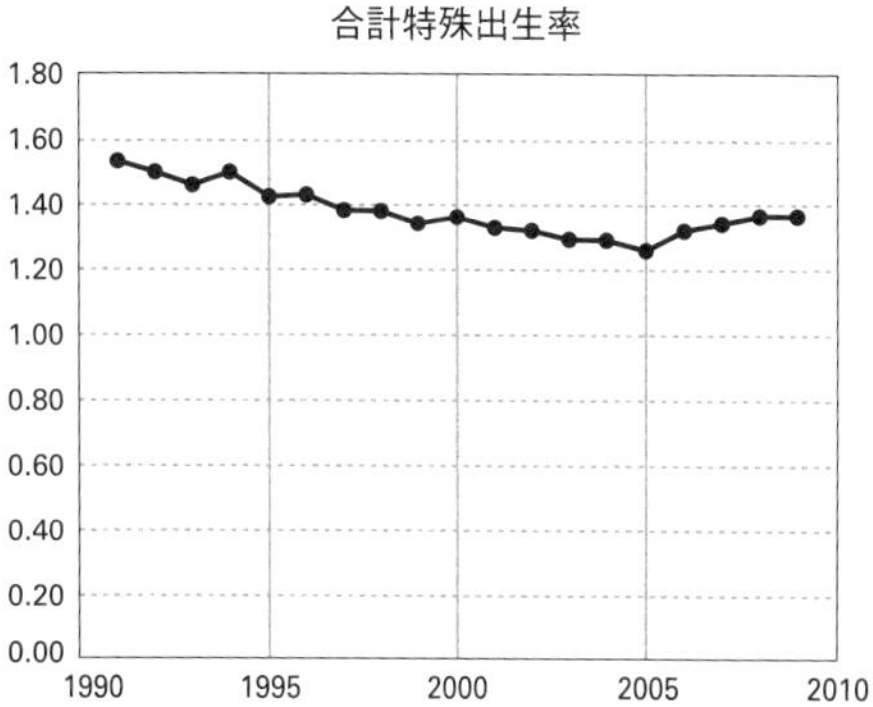

図14　表とグラフの例

古典的な統計手法と最新のＡＩを使った手法を、一貫した見方で整理をしていきます。

さてみなさんは、統計分析をする専門家が、具体的にどんなかたちのデータを取り扱っているのか、想像したことはあるでしょうか。みなさんが馴染みのある「データ」というのは、たとえば**図14**のようなものでしょう。

図14は、売上であれば「1月は70万円」、グラフであれば「２００９年の合計特殊出生率は１・３６」といったシンプルなデータです。このようなデータは、まずサイズがあまり大きくなく、次に構造がシンプルでわかりやすいという特徴があります。これに対して、専門家が扱うデータは、構造がもう少しややこしくて、サイズももっと大きいものが多くなります。

以下、データについて、構造とサイズ（大きさ）という観点から分類して説明していきますが、まずは構造についてです。

データは、「構造化」されたデータと構造化されていないデータ（「非構造化」データ）に分けることができます。構造化されたデータとは、何らかの規則性をもって整理されているデータです。これに対して非構造化データというのは、さしあたりそれ以外のその他の雑多なデータ、あるいはその塊だと考えましょう。

たとえばみなさんのパソコンに入っているExcelなどの表計算ソフトのデータは、構造化データの例です。行と列ごとにデータが整然と並んでいてわかりやすいですよね。政府や企業が保管している膨大な統計データも、ほとんどは構造化されたデータです。

これに対して、パソコンやスマートフォンに保存されている写真データは、それ自体は非構造化データです。スマートフォンに１０００枚の写真データが保存されているとして、そのままのかたちだとこれらは構造化（整理）されていません。さらに、パソコンに入っているいろんなデータの塊（構造化された表計算ソフトのデータを含む）は、ひっくるめて非構造化データです。同様に、インターネット上にはそれこそ膨大な量のデータ（文字、音声、画像、動画等）が構造化されずに雑然と存在しています。

電子データにこだわらず見渡してみれば、私たちの社会そのものが非構造化データをたくさん含んでいます。社会では大きいので、もっと縮めて会社、あるいは自宅で考えてもよいです。自宅には、本、雑誌、新聞、写真などさまざまな「データ」が分散して転がっています。種類も違えば大きさも違うデータの塊です。さらに、本に絞ったとしてもまだまだ構造化されているとは限りません。小説もあれば、参考書もあれば、料理のレシピ本もあるでしょう。

これらの本を一箇所に集めて整然と分類・整理して本棚に並べてみたくなるときもありますね。本棚を整理してしまえば、本の集まりは「構造化されたデータ」になります。実は、構造化されたデータというのは、雑然とした非構造化データを何らかの分析方法を使って構造化した結果得られたものであることが多いのです。

三つの構造化モデル

データの構造と大きさは、分析方針と結びついています。構造化されたデータと非構造化データでは、分析の方針や方法が全く違います。

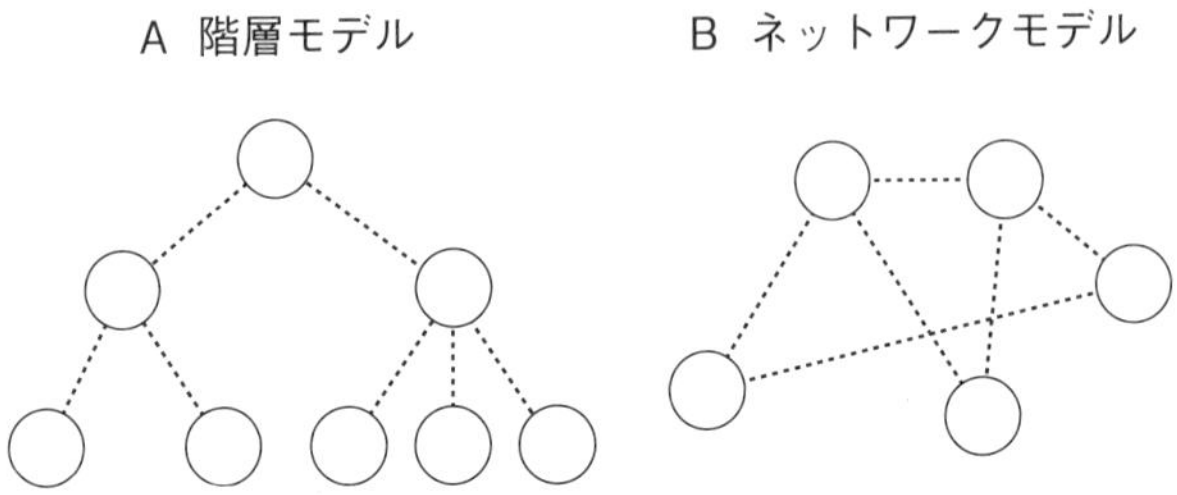

図15　階層モデルとネットワークモデル

自然も社会も、そして人間の頭のなかの情報も、そのままでは雑多で構造化されていない状態を多く含んでいます。第四章で「自然発生的偶然」という概念が登場しましたが、多様な要素が不規則に絡み合っているからこそ、現れてくる現象が偶然にみえるのです。これを観察し、分析することで構造化されたデータを作り出すわけです。

もちろん、情報を構造化するのは専門家の専売特許ではありません。すでに私たちの言語は分類するための概念（たとえば職業カテゴリー）を持っていますし、その分類はすでに社会生活の一部になっています。つまり私たちの生活は、多かれ少なかれ構造化されている部分もあるのです。ただ、専門家はより体系的にそれを「再構造化」します。その結果のひとつが第一章で触れた「日本標準職業分類」です。

「分類」は、構造化の代表的タイプのひとつです。それは、**「階層モデル」**と呼ばれるデータ構造化の一種です。階層モ

ID	居住地	調査年	性別	年齢
1001	東京都	2019年	男性	36
1002	福岡県	2020年	女性	28
1003	…	…	…	…
…	…	…	…	…

表3　二次元表の例

デルとは、**図15**のAのようなデータの構造を指しています。他の構造化のモデルには、Bのような**「ネットワークモデル」**があります。

実は、通常の統計学の分析では、階層モデルやネットワークモデルで構造化したデータを扱うことはあまりありません。一般的なのは、みなさんが表計算ソフトで作成するような構造を持ったデータです。この場合、データは**「関係モデル」**と呼ばれています。こちらは馴染み深い人がいると思いますが、**表3**のようなデータ構造です。これを「二次元表」といいますが、関係モデルにそって作られたデータベースは、この二次元表、あるいはつながりのある複数の二次元表の集まりとして定義できます。

この三つの構造化モデルについて、その特徴を説明しましょう。

データにおける構造化というのは、ひとつには個々の項目どうしの「結びつき方の規則」を示すものです。大きく分けると、項目どうしの結びつき方の情報を含む構造化と、結びつき方の情報は含まないが多様な情報を結びつけている構造化があります。

　このことはちょっとわかりにくいかもしれないので、少し丁寧に説明しましょう。さきほどの**図15**と**表3**を見て、階層モデルとネットワークモデルはなんとなく共通性があるのに、関係モデルだけはその二つとは少し違うような感じがしませんか？　そのとおりで、階層モデルとネットワークモデルは、「結びつき方」の情報が重要な意味を持ちます。

　まずは階層モデルについてです。たとえば部長１の下に課長１、課長２がいて、課長３は別の部長の下に位置付けられる、といった構造です。図書館の書籍の分類も一種の階層モデルです。書籍の分類には「日本十進分類法（ＮＤＣ）」という規則があって、最上位の階層には「１　哲学・宗教」「２　歴史・地理」など10個の項目があり、その下にいくつかの下位階層があります。ただ、組織図とＮＤＣでは同じ階層モデルでもデータの特徴やサイズがずいぶん違います。ＮＤＣは整理のために構造化をしますが、組織図は命令系統を示すものでしょう。

　以上のように「階層モデル」は分類という実践で使われることが多いのですが、私たちが何かを（仕事でもそれ以外の生活でも）分類するときに、別の二つのことをしていることに注意してください。ひとつは、分類するためのカテゴリーを作る作業です。本であれば、「小説とエッセイは分けよう」「学術書は自然科学系と人文社会系で分けよう」といった、事前の思考作業に基づいた分類ですね。これを「ルールベース」の分類といいます。もうひとつは、こういったカテゴリーを最初に考えずに、ざっと並んだ本をみながら「こういう分け方でいいかな」と仕分けしていって、その結果から分類カテゴリー（ルール）を事後的に考える、というやり方です。

実際には分類に関するこの二つの作業は、いったりきたりで進むものだと思います。最初に考えた分類にしたがって本を並べていくと、どれにもあてはまらないものが出てくる。じゃあもとのカテゴリーを少し改定しよう、といった作業ですね。

統計学やＡＩを使った階層モデルによる構造化では、「最初に分類を考えない」手続きが目立ちます。ＡＩが登場する以前から、統計学には対象を仕分けるための「クラスター分析」という方法があって、学術研究やマーケティングなどで多用されてきました。クラスター分析は、その名のとおり対象を何らかの基準（類似性）で仕分け、階層的な位置情報を与えるものです。

さて、次はネットワークモデルです。ネットワークモデルにおいては、個々の項目は均質なものとして扱われることが多いです。そのかわり、結びつき方は階層モデルよりも格段に複雑になります。たとえば、もし3個の項目があれば、その結びつき方は合計7個あります(暇があれば数えてみてください)。

ＡＩによる分析が浸透する前から、ネットワークモデルは学術分野で研究が蓄積されてきました。社会科学でも、人と人のつながり方をネットワークとして記述・分析する研究がたくさんあります。

有名なのは「六次の隔たり」研究でしょう。この分野の研究では、たとえば「知り合い、知り合いの知り合い……」というふうに人とのつながりを辿っていった場合、特定の社会の人口を上回るには何回(何次)繰り返せばいいのか」といった問いが立てられます。日本の人口が1・3億人だとして、もし6次でこの数を上回るには、一人の直接の知り合いの数は23人でオーケーです。23人を6回掛け合わせると、1・48億人にもなるからです(22人だと1・13億人で少し足りません)。一人につき23人というのは、知り合いの数としてはそれほど多い数字ではないですね。「意外に世間は狭い」という意味を込めて、このことを「ネットワークにおけるスモールワールド性」といいます。

ただ、実際には知り合いの重複（いわゆる「共通の知人」）が発生しますから、これほど効率よく人口を網羅することはできません。これを「クラスター性」といいます。クラスター性とスモールワールド性の関係はシンプルではありませんが、ここでは説明を省きます。社会学では、重複するネットワークのことを「強い紐帯」あるいは「ボンディング」、重複せずに広がっていくネットワークのことを「弱い紐帯」あるいは「ブリッジング」と呼びます。アメリカの社会学者Ｍ・グラノベッターは、弱い紐帯を持つ人（したがって自分の周囲のコミュニティとは違う世界の情報にアクセスできる人）のほうが、狭いコミュニティで人間関係を閉じている人よりも、有利な転職をするのではないかという実証研究を行ったことで有名になりました。

また、ネットワークデータはしばしば「エージェント・ベースト・アプローチ」と呼ばれる研究方法で活躍します。ここでの主な方法はシミュレーションです。エージェントとは、つながりの結節点となる個体です。たとえば、多方面とつながっているエージェントが、他のエージェントからのつながりを獲得しやすい（「つながりの多い人気者はさらにつながりを獲得しやすい」）という設定をした上で、それが繰り返されるとネットワークのかたちはどうなるのか、といったシミュレーションが行われます。「人気者がますます人気を得る」結果、つながりの数はきわめて不均等に分布するようになりますが、これを「スケールフリー性」といいます。

階層モデルやネットワークモデルは、人々の関係のあり方や思考のクセなどに近い情報の構造化が可能になるものです。つまり、現実世界に直接に対応する構造を持っています。会社組織は多くの場合階層モデルですし、本の分類もきれいな階層をなしています。人と人とのつながりもネットワークモデルでかなり忠実に表現することができます。さらにこれらの構造化は、コンピュータと深い関わりがあります。コンピュータのデータファイルは「ディレクトリ」（一部のＯＳでは「フォルダ」とも呼ばれます）と呼ばれる階層構造によって整理されています。インターネットは、まさにネットワーク構造を形成しています。

それにもかかわらず、そして不思議なことに、最も普及しているデータ構造は階層モデルやネットワークモデルではありません。それは「関係モデル」のデータです。

政府でも企業でも、組織が取り扱うデータのほとんどは関係モデル、あるいはそこから派生したデータベース言語（ＳＱＬなど）に準拠したデータ構造を持っています。関係モデルの圧倒的優位性にはいくつかの理由が考えられますが、その前に関係モデルの特性についてもう少し詳しくみていきましょう。

関係モデルは、少なくともデータ構造自体には「結びつき方」の情報を含まないのが特徴です。「関係」なのに「結びつき方」の情報を持たないのは奇妙に聞こえるかもしれません。そこでは、同じ行に格納されている項目は「互いに関係がある」のですが、違う行の項目とは関係づけられません。

さきほどの**表3**をみてください。ふつうに表をみれば、ＩＤ「１００１」という項目と結びついているのは、性別「男性」や年齢「36」であることがわかりますね。表の並びから関係をみてとる人間の能力が後天的に学習されたものかどうかはわかりませんが、「もしかしたら『男性』と『28』が結びついているのかもしれない」などと考える人はいないでしょう。

構造化データの作成

すでに触れましたが、現在蓄積されているデータベースにおいて、三つのタイプの構造化データが均等に存在しているのかといえば、そんなことはありません。明確な統計はないのですが、おそらくそのほとんどは関係モデルで構造化されているデータです。

このことにはいくつかの理由があります。おそらく最も大きな理由は、データ検索や並べ替え、追加的に情報を抽出・更新する際の容易さ、取り出せる情報の豊富さにあると考えられます。たとえば特定の情報（身長や年収）の最大値や平均値を計算したり、職業の分布を表す集計表を作ったりすることも、表計算ソフトの扱いに少し慣れれば簡単にできるようになります。

ただ、関係モデルで構造化されたデータから豊富な情報を取り出せるのは、そこに豊富な情報が取り込まれているからです。これは、「結びつき方」を表現できるモデルよりも、「関連する多様な情報を格納できる」というデータの特徴によって可能になることです。

このことを考えるために、データの「作りやすさ」について考えてみたいと思います。「データを作る」とは、対象に働きかけて何らかの構造化データを構築することだと考えてください。データの作成には、大きく二つの種類があります。

ひとつには、構造化されていない状態に働きかけてそれを構造化するタイプがあります。もうひとつは、すでにある程度構造化されている状態の構造を「模写」する、あるいはより明確にする、というタイプです。部屋の整理にたとえると、いろんなものが雑然と散らかっている状態を整理して、服は服、本は本としてまとめる作業が前者です。データ作成でいえば、クラスター分析による分類作業はこれに当たります。あとで触れますが、非構造化データを構造化するためのディープ・ラーニングといった手法もこれに当たるでしょう。次に、会社の組織図を階層モデルを使って記述する（データに置き直す）、あるいは人の交友関係をネットワークデータとして電子化するのは後者（すでに構造化されたものを模写すること）です。

結論からいえば、関係モデルのデータの優位性はその「作りやすさ」にあって、その作りやすさの根拠は、それが基本的にある程度構造化された豊富な情報を持つ対象からその情報を受け取っているから、ということです。

ただ、このことの説明に入る前に、階層モデルやネットワークモデルのデータの作成についてもう少しだけ考えてみましょう。たとえば家のいろんなところにしまい込まれている写真を集めて整理することも、一種の構造化です。写真は（アンケート調査のデータ表のように）関連する情報をたくさん引き連れているわけではありませんので、通常は階層モデルで整理されます。家族アルバムなら、「２０１８年」のアルバムがあって、そのなかに「１月」のページがあって、そのなかに誰それの写真が5枚、といった具合です。あるいは撮影年ではなく「人」を階層のトップに置いてもよいでしょう（「一郎のアルバム」のように）。

ただ、たしかに写真に紐付けられた情報の種類は少ないとはいえ、１枚の写真に複数の人間が写ることはむしろふつうです。ですから、家族写真の整理で「人」を最上位に置いてしまうと、一緒に写っている写真の分類に困りますね。

筆者は2歳年上の姉と私の二人きょうだいですが、子ども時代の写真の大部分は姉を写したものです。「上の子の写真のほうが圧倒的に多い」というのはよくあることらしいですが、私が単独で写っている写真はほんとうに少ないのです。ただ、私が写っている写真がないわけではありません。よくあるのが、姉の横にいたのでついでに撮影されたような写真です。

このような場合、人を最上位カテゴリーとして分類して写真を構造化してしまうと、私のアルバムはなんとも薄いものになります。たとえば姉単独写真が１００枚、私単独が20枚、姉のついでに私が写っているものが30枚あるとして、「姉」「私」で分類すると、姉が１３０枚、私が20枚になり、格差が広がってしまいます。このように、階層モデルのデータは対象に含まれる複数の情報を柔軟に参照できないことが多く、分類と実態が乖離することもあります。

ここで新しい技術を使えば、もっと柔軟な写真データの構造化ができます。写真を電子データにして、ＡＩの画像（顔）認識によって写真に「母・姉・私」のようなタグをつけて管理できれば、構造化はよりスピーディに行うことができます。最近のスマートフォンでは、写真に写っている「人物」「日時」そして「撮影場所」のデータを関係づけ、それをもとに写真を構造化する機能が実装されています。撮影日時あるいは場所で階層的に構造化する場合が多いでしょうが、やろうと思えば「誰と誰が一緒に写っているか」という情報をもとにネットワークモデルの構造化をすることもできるのです。

このように、データが電子化されていて、かつディープ・ラーニング機能が実装されていれば、その後のデータ作成も柔軟に行うことが容易になります。特にネットワークモデルによる構造化は、階層モデルや関係モデルといったデータ構造化と比べて、難しい側面がありました。電子データの普及はこの状況に一定の変化をもたらす可能性があります。*

*この可能性はプライバシーの問題とトレード・オフの関係にありますが、ここではこの話はしません。一点、データのかたちやそれへのアクセスとプライバシーの関係は、かなり複雑です。たとえばアンケートデータに保存されたデータのプライバシーと、ウェブでの閲覧・購買行動データのプライバシーとは質が違うものです。

関係モデルの優位性

電子データの増加で構造化も柔軟にできるようになってきているとはいえ、「データの作りやすさ」という点では、関係モデルはいまだに優位性を持っています。とにかく効率よくデータを蓄積することができるのです。

一般に普及している構造化されたデータの典型例は、アンケート（調査票）調査のデータでしょう。アンケート調査は、通常一人につき複数の、多い場合には１００個を超えるデータを集めます。アンケート調査にもいろいろありますが、学術的に信頼できる総合社会調査の例として、ＪＧＳＳという調査があります。ＪＧＳＳではほぼ毎年、全国の地域を対象にアンケート調査を行っています。ちょっと古いですが、２００８年の調査（ＪＧＳＳ-２００８）では、４２２０（人）の有効回答を得ています。関連するデータ（質問項目への回答）は、性別や年齢、職業などの基本情報はもちろん、細かいものを含めると５００以上に及びます。もちろん無回答（回答が求められているが、得られなかったもの）や非該当（例：無配偶の対象者にとっては「配偶者の学歴」の回答は非該当なので情報がない）がありますが、それでも一人につき、かなりの量の情報が紐付けされています。

さらに関係モデルのデータの特徴は、その「意味的な多様性」にもあります。ネットワークモデルのデータでは、結びつけられているのは均質な個体（たとえば人間）です[*]。階層モデルではもう少し多様ですが、関係モデルのデータに含まれる情報は、アンケート調査データの例を考えてもわかるように、きわめて豊富なものです。

＊社会学には「アクター・ネットワーク理論」というものがあって、そこでは異質な個体（アクター）がネットワークを介して作用しあっている、という考え方をします。ただ、こういった考え方は例外的なものです。

関係モデルのデータは、なぜこれほど多くの情報を「関係づける」ことができるのでしょうか？　答えは実は簡単です。私たちの社会にその下地があって、私たちの生きる世界が、すでにある程度そのように構造化されているからです。「個人」を例にとってみれば、そのなかに無数の情報が入れ込まれています。「鈴木さん」には、出身地は佐賀県、出生は１９８０年、女性、大卒、未婚、職業は研究者、政治的態度はリベラル……というふうに情報を関係づけていくことができます。**多くの情報が、雑多に散らばっているのではなく、すでに「個人」という人間を核としてまとまっている**のです。もちろん、これらの情報は入れ替わることもあります（引っ越しをすれば住所は変わる）。とはいえ、出身地や性別など、個人が移動してもついて回る情報はたくさんあります。だからこそ、その個人から効率よく多くの情報を取り出すことができるのです。

要するに、多くの情報が個人という個体にまとわりついていて、それが調査票調査という手法で効率よく取り出せることが、関係モデルのデータの優位性のひとつの理由になっているのです。ただ、関係モデルのデータのほうが集めやすい（データを構造化しやすい）という状況は、これからは変わる可能性があります。というのは、生活のさまざまな領域で電子化が浸透していているからです。さらに、テキスト（文章）という非構造化データを構造化する際には、しばしば階層モデルやネットワークモデルが利用されます。さきほど述べたとおり、いったん電子化されれば、情報は柔軟に構造化できるようになるのです。

ところで、関係モデルでの構造化には、「結びつき方の情報」が含まれないのでしたね。たしかにデータの構造自体には、行と行（個人と個人）との関係を示す情報は含まれていないのですが、分析のなかで示したり、あるいはその情報を利用していろんな分析を行うこともあります。また、この結びつきをある程度把握していないと、不適切な分析をしてしまうこともあります。

複数の情報が関係しあっている、もうちょっというと「ひとつにまとまっている」という関係データの特徴については、次の章で再び説明しますので、覚えておいてください。また、この「行＝人」のなかのまとまり（横の関係）を超えた影響関係（縦の関係）については、通常はデータベースの構造化によって表現することはできません。このこともまたあとで触れます。簡単にいえば、行どうしの関係が強い場合、統計学ではその行を「１行」としてカウントしないこともあります。

いずれにしろ、データの構造とその特性をきちんと把握することが、「分別ある分析」の第一歩になるのです。

データの大きさ

この章のはじめに、データのサイズの話をしましたね。今度は、構造化されたデータ、具体的には関係モデルのデータの「大きさ」について考えてみましょう。

さきほどＪＧＳＳ‐２００８の例を出しました。このデータでは、行の数（回答者数）が４２２０、列の数（質問への回答数）が約５００あるのでした。表でいえば、ざっと２００万個以上のセルがあるわけです。ただ無回答や非該当がありますので、実際に情報が割り当てられているセルは半分ほどです*。

＊たしかに非該当の部分には情報価値はありませんが、無回答（データの欠測）にはそれなりにあります。第一章で触れた代入法によって情報を埋めるという方法もありますし、無回答の傾向を分析する、無回答者の特徴をみてみる、といったさまざまな使い方があります。また、データの欠測はバイアスを生み出しますから、それに対応する必要もあります。バイアスについては第四章に書きました。一般に統計学では、データが「ない」という状態にもしばしば注意が払われるということを知っておいてください。

「ビッグデータ」と呼ばれるほどのサイズではありませんが、それでも十分に大きなデータですよね。ただ、この大きさには二つの「ベクトル」があります。横向きのベクトルと縦向きのベクトルです。横向きに大きなデータとは、たとえばひとつの行につき、非常にたくさんの情報が関連付けられているものです。含まれる行数が10個と少なくても、1行につき1000の情報があれば、合計1万個になります。逆に縦向きに大きなデータとは、1行に関連付けられる情報が少ないが、含まれる行の数が非常に大きなデータを指します。

いわゆるビッグデータも、それが関係モデルで構造化されている場合には、この2種類のものがあります（もちろん縦も横も大きなデータもありますが）。そしてこの大きさの種類に応じて、有効な分析手法が違ってきます。

さて、この章ではこれまで、まずデータの「構造」の話をして、次に「大きさ」の話をしました。データの構造と大きさは、データの分析方針と密接に関係しています。統計学の教科書に載っている分析手法は、そのほとんどが構造化データ、特に関係モデルの構造化データを前提にしたものです。

　非構造化データの分析は、多くの場合それを構造化するための分析です。非構造化データの処理・分析で最も一般の人に馴染み深いのが「検索」でしょう。たとえばインターネットの検索サービスに「統計学」というキーワードを打ち込めば、その言葉を含むウェブページを通じて、文字、画像、書籍などのさまざまな情報を一覧にすることができます。いってみれば、検索は非構造化データから構造化されたデータ（リスト）を抽出するひとつの方法です[*]。

＊このリストの順位を決定するのには、すでに説明したネットワークモデルがしばしば用いられます。具体的には、同じキーワードを含むページのなかでも、他のウェブページからのリンク（つながり）が多いページのほうが上位に表示されます。こういう意味では、雑多な情報が共存しているウェブページという非構造化データには、「つながり方」の観点からみればすでに構造が含まれている、と考えるべきでしょう。

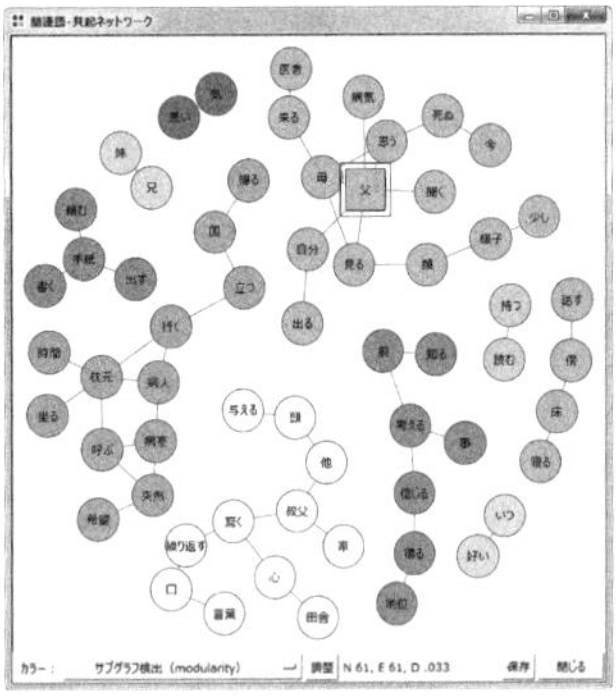

図16　共起ネットワークの例

樋口耕一氏のKH Coder ウェブサイト
（https://khcoder.net/scr_r.html）より引用

　ＩＴ技術やＡＩの発達で、非構造化データを処理する技術にも目覚ましい進展がありました。検索は最も身近な例ですが、ほかにも、テキストマイニングや、自然情報処理（パターン認識）の発達があります。テキスト（文章）は、部分的には（章や節、段落などの区切りで）階層化されてはいますが、基本的には構造化されていない雑多なデータです。テキストマイニングでは、文章から単語を抽出し、「どういう言葉が最も頻繁に使われているか」のようなシンプルな関係データを作ったり、類似性の強い言葉ごとに階層クラスターデータを作ったり、「言葉どうしがどう結びついているか（共起ネットワーク）」の情報を利用してネットワークデータを作ったりすることができます（図16）。

　パターン認識も、非構造化データからデータを構造化する方法です。ＡＩの技術を活用した音声認識や文字認識がその例です。音声や文字は、ノイズの多い情報のなかに紛れた規則性（パターン）です。これを取り出して、規則性のあるデータに変換するわけです。

データの分析方針

非構造化データの分析においては、テキストマイニングやパターン認識など、構造（規則）を見出すこと自体が目的であることが多くなります。これは当たり前で、整理されていないゴチャッとした何かがあれば、整理（構造化）したくなるのもわかりますよね。クラスター分析などの昔からある分類のための統計手法のほか、AIを使って多くの画像から一定のパターンを見出すためのディープ・ラーニングの手法なども、こういった位置付けになります。

では構造化データの分析手法にはどういった方向性があるのでしょうか。

明確に分類するのは難しいのですが、少なくとも関係データに関していえば、「要約（記述）」「予測」「因果」の三つがよくみられる方針です。

「要約」とは、データに含まれる情報を簡潔に表現・記述することです。いくら構造化されているといっても、データはまだまだ複雑ですし、サイズが大きくなればなおさらです。平均値の算出は最もシンプルでよく知られた要約手法でしょう。ほかにも、複数の質問への回答傾向の背後にある規則性を見出す潜在変数アプローチ（因子分析や潜在クラス分析）はこれに当たります。

最も頻繁に使われてきた回帰分析も、どちらかといえば要約の手法のひとつです。[*] 回帰分析とは、あるひとつの変数（たとえば時間あたり賃金）を、いくつかの別の変数で表現する技法です。変数というのは、構造化されたデータのなかで変化しうる数字のことです。単純化すると、以下のようになります。

*「回帰分析が要約・記述の方法だ」というのは、第三章で紹介した因果推論の立場からの主張に近いもので、より古いタイプの教科書では回帰分析を因果効果を見出す手法として紹介しています。要約と因果の区別にはグレーゾーンがあるのですが、これについてはあとで触れます。

時間あたり賃金＝ f（職種、学歴、勤務経験、性別、年齢……）＋説明できない残り

fというのは関数（function）のことで、括弧のなかに入ったいくつかの変数（要因）によって時間あたり賃金が説明される、ということを示しています。関係モデルで構造化されたアンケート調査のデータには、要因に入れることができる情報がたくさん含まれています。ただここでやっかいなのは、データの横向きのサイズ（要因候補の数の多さ）がどんどん大きくなったとき、fの中身の「選択と組み立て」をどうするのか、という問題です。たと

えば１００個の説明要因の候補があるとします。「あるだけ全部入れてしまえ」という考え方もあるかもしれませんが、実は括弧のなかに入れる要因の数が増えれば増えるほど、計算結果が不安定になり、また（第四章で説明した）誤差が大きくなるのです。＊ですので、通常の回帰分析では、特に注目したい変数を選んで、それを軸にして式（モデル）を組みます。

＊専門的な用語を使うと、計算結果が不安定になるのは「多重共線性」の問題、誤差が大きくなるのは「自由度」の問題です。

これは変数の「選択」の問題です。次に、選んだ変数をどう組み上げるのかという「組み立て」の問題があります。これは第三章にも少し出てきた「特定化」ですね。たとえばこういうことです。さきほどの関数について、時間あたり賃金を説明する要因を職種、学歴、勤務経験の三つに絞ったとします。この三つで最もシンプルにモデルを特定化すると、次のようになります。

時間あたり賃金＝β_1職種＋β_2学歴＋β_3勤務経験＋説明できない残り

ほんらいはモデルに「切片」が入るのですが、ここでの説明には不要なので省きます。β_1～β_3は、それぞれの変数がどれくらいの強さで関係しているのかを表した数値で、「係数」といいます。ここでは、三つの変数の影響が足し算の関係で時間あたり賃金に影響（関係）している、ということが表現されています。

ところが、実際にはこんなにシンプルにはならないことがあります。たとえば勤務経験ですが、この式で表現できるのは、勤務経験が年数で表現されているとして、β_3が「50（円）」だとすれば、「勤務経験が1年長くなれば時間あたり賃金が50円高い」ということです。ここで、勤務経験の影響が、勤務経験が長ければ長いほど大きい場合、式はもっと複雑になります。たとえば時間あたり賃金が勤務経験の二乗に比例する場合、特定化は次のようになります。

時間あたり賃金＝β_1職種＋β_2学歴＋β_3勤務経験＋β_4勤務時間^2＋説明できない残り

組み立ての問題はこれだけではありません。「学歴の影響は職種によって違う」ということはよくあることだと思いますが、*これを反映するためには、次のように式を立てなければなりません。

＊このことを計量分析の用語で「交互作用」といいます。

$$\text{時間あたり賃金} = \beta_1\text{職種} + \beta_2\text{学歴} + \beta_3(\text{職種}\times\text{学歴}) + \beta_4\text{勤務経験} + \beta_5\text{勤務時間}^2 + \text{説明できない残り}$$

このように、たった三つの変数でも特定化のパターン（モデルの組み立て方）は非常にたくさんあります。ではどうしましょうか？

要約 vs 予測

思い出してほしいのですが、ここまでみてきた分析の目的は「関係データの要約」でしたね。要約が目的であるからには、それは「意味のある要約」である必要があります。だって、出来上がった「選択と組み立て」のモデルが、どこからみても意味不明なものであるのなら、少なくともデータの要約としては役に立たないからです。ですから、分析方針が「要約」である限り、変数選択と特定化は「大卒の営業職では勤務経験1年あたり１００円増の影響があるけれど、高卒の場合には50円」のような有意味なモデルに限定して行われることになります。有意味なモデルとは、結果を解釈できるようなモデルのことです。この場合、「大卒は基礎的な能力が高く、より専門的な技能を仕事に活かしているから、それだけ時間あたり賃金の伸びが早いのではないか」といった意味が通る解釈ができるわけです。

ただ、使えそうな変数が１００個ほども与えられて、そこから自由に選択できて、自由な組み立てが許されるのなら、もっとデータにフィット（適合）したモデルが作れそうな気がしますよね。そこで、いっそのこと要約（有意味性）という分析方針の制約をとっぱらってしまったらどうでしょうか？　つまり、「意味不明でも解釈不能でも何でもいいから、データ（時間あたり賃金）をできるだけ完全に表せるようにモデルを作ろう」という方針に変えるのです。こうなると、分析方針は「予測」に重心を移していきます。

「理解できる（有意味な）要約」のくびきが外れて自由にデータを使えるとなると、手ぐすねを引いて出番を待っている手法が登場します。それがＡＩを用いたモデリングです。機械学習を使えば、ビッグデータが可能にする無数の選択と組み立てのなかから、最適なモデルを自動的に見つけ出してくれます。ただ、あまりにモデルが複雑すぎると、手元にあるデータには完全にフィットするのに、予測のための実用には使えないという現象が生じます[*]。そのため、何らかの制約を課すのが通常です。そのための方法として、ステップワイズ法や正則化（LASSO回帰など）などの方法が開発されています。

＊過学習・過剰適合あるいはオーバーフィッティングと呼ばれる現象です。極端な話、たとえば10個のデータを表現しようとすれば、9個のパラメータで完璧に表現することができます。しかしこれだとモデルの意味がないですよね。モデルとは、ある程度少ない要素による表現に落とし込むところに意義があります。

図17（次ページ）をみてください。点線はデータ（黒丸）をシンプルによく予測できていますね。ただ、いくつかこの予測線から外れている点もあります。これに対して実線のほうは、データを完全に予測できています。しかし、これはただ単にモデルを複雑化して適合度を増しているだけという状態です。これだと、実際の予測（「サンプル外検証〈out-of-sample tests〉」と呼ばれます）には使えないでしょう。ここで留意してほしいのが、フィットしたモ

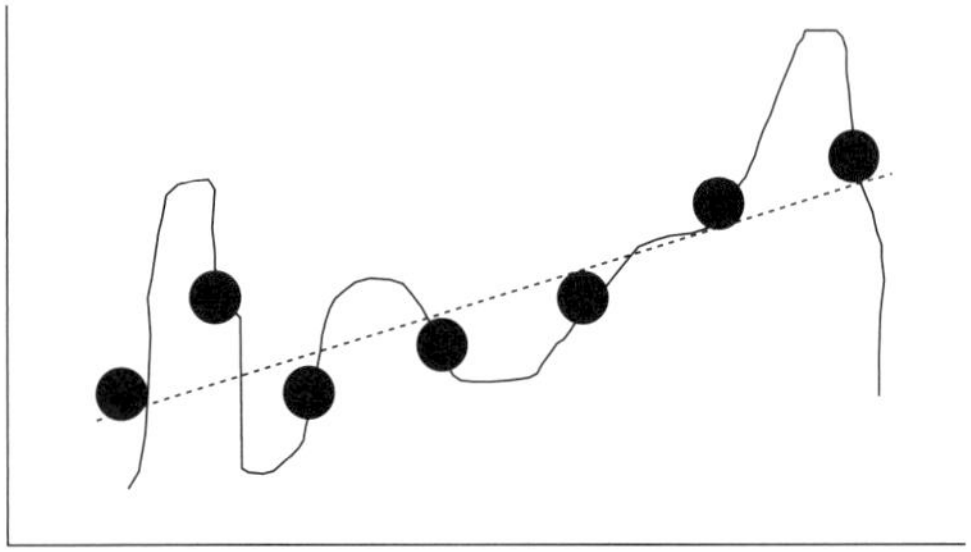

図17　過剰適合

デルが「使えない」のは、「予測に使えない／実用に耐えない」ということであって、「意味がわからない／解釈できない」から使えないというわけではない、ということです[*]。

＊通常では、手持ちのサンプルデータを分割して「テストデータ」を確保し、残りを学習用データとします。その上で、学習用データから作り出したモデルがテストデータを予測できるかどうかをみていくわけです。テストデータの選択方法はいくつか考案されており、データの大きさと計算能力に余裕がある場合、複数の異なるテストデータの選択パターンでモデリングを行います。

「意味のある」、つまり自然言語で解釈可能なモデルを構築するための手法としては、すでに説明してきた回帰分析のほか、計量社会学分野で使われ、カテゴリカル・

データの分析に適したログリニア分析やアソシエーション・モデルなどがあります。あまり詳しくは説明しませんが、こういった分析においても、変数の選択と組み立て（交互作用）によって複数のモデルを構築し、それらのうち「最適」なものは何かを評価するという手続きをとります。ただ、あくまで私たちの概念（社会生活上の概念あるいは体系的な理論）の範囲で理解できるモデルしか扱わないため、機械学習のアルゴリズムは通常は用いられません。なぜなら、これらはあくまで「要約」の方針に則っているからです。

　以上を簡単にまとめると、解釈できないものを含めて無限の組み合わせから予測に使えるモデルを組み立てるのが機械学習の手法（正則化、リッジ、ＬＡＳＳＯ等）で、理解できる範囲の組み立てしか扱わないのが要約のための手法（回帰分析やログリニア分析）である、と整理できるでしょう。

　ただ、厳密には予測と要約（記述・解釈）の境界線が明確ではないこともあります。機械学習で作成したモデルについて、事後的に何らかの解釈ができないかどうか試みる、という手続きも十分に考えられますし、実践されています。また、ＬＡＳＳＯなどの正則化の手続きは、必然的に使用する要因数や組み立ての単純化を伴いますから、解釈可能性を増加させるのに貢献することもあります。

私たちの社会や概念は「緩い連関」で構成されています。つまり、統計モデルに限らず、社会生活のなかで使用する概念やその連関のすべてがわかりやすく理解できるものであるとは限りません。同じように、一見わかりやすいモデルが、その実よく考えると理解できない部分を含んでいることもありますし、一見わかりにくいモデルが、よく考えれば解釈可能であったりすることもあります。「理解できる要約モデル」と「明確に理解はできないが現実にフィットした予測モデル」とのあいだの関係は、単純ではないのです。

最後に、当然ですが要約の場合にはデータの代表性、つまりデータが要約対象を偏りなく表しているか、ということが特に問題になります。ですので、要約目的でデータを用いるときは、そのデータは第四章の最後で説明したようなサンプリングがなされていることが望ましいです。他方で予測の場合には、データの代表性にそこまでこだわる必要はありません。

因果 vs 適合

さて、構造化データの分析方針のうち、「要約」と「予測」については、関連する手法とともに説明をしました。「因果」についてはすでに第三章で説明したので、詳しい話は省略します。ただ、「要約」と「予測」の区別をする際に登場した基準である有意味性（理解可能性）は、実は「因果」の分析でも重要になります。

無作為化比較実験やそれに準じた計量手法では、因果効果の推定を、因果効果がなぜあるのかという意味的な説明とは独立して行うことができます。たとえばある新薬が実験によって効果を確かめられたとして、その「効果がある」という知見は、「なぜあるのか」という理屈・理論によって影響を受けません。もちろん実験デザインや応用においては「なぜ」が大きな意味を持ちますが、「結果を理論的に考察した結果、当初の実験結果が変わりました」ということはありえません。

このことは、「効果」に対応する日常的な概念が、必ずしも「原因」ではないことによく表れています。たとえば、謎の胃の不調に悩まされているとき、医者に指示されたものを含めていろいろ薬を試して、ようやく効果のある薬を見つけたとしましょう。そのとき、「この薬は効果があった。でも結局原因は何だったのだろう」といいたくなる人はいるでしょう。

そう、はっきりと効果があったのに、原因はわからない、ということがありうることを、私たちはすでに知っているのです。「有効な処置」と「原因」は、日常概念のなかで違った意味合いを持っています。統計的因果推論においては、効果をもたらす処置のことを原因と呼んでいますが、私たちは意味的に理解できない処置のことを原因と呼ばないことがあるわけです。

さて、「結果が有意味に理解できるかどうかにこだわらない」という点では、分析方針としての因果推論と予測は共通しています。いってみれば、いずれの場合も「実際に使えるかどうか」がまずは重要なのです。薬は「効果があるかどうか」がまずは重要ですし、天気予報は「当たるかどうか」がまずは重要です。「この予測モデルだと、的中率が高い天気予報ができるけど、モデルが理屈で理解できないから使わないでおこう」とはなりませんよね。同じく、「この消費者購買行動の予測モデルを使えば、どういう商品を『おすすめ』欄に表示すれば売上が増えるかどうかがわかるけど、いまひとつその理屈が追えないから我が社では採用しません」と主張するマーケティング担当者がいたら、会社としては問題でしょう。

もちろん理屈はそのあとで考えてもよいのです。背後にある理屈・理論を考えることで、あとから別のデータを作ってより精度の高いモデルが組み立てられる可能性もありますし、薬の場合など、思わぬ副作用の可能性を考慮することもできるかもしれません。ただ、最終判断の基準は「有意味に解釈できるかどうか」ではなく、「効果があるかどうか」「当たるか外れるか」に置かれています。

以上、「予測」と「因果」はある意味では仲間だ、という話でした。では、これら二つは何が違うのでしょう。それは、「予測」はデータへの「適合性」を重視するのに対して、因果推論ではそういったことには関心がない、ということです。図式的に表すと、次のようになります。

予測モデル：結果←f（C1、C2、C3……）＋結果に関連しない残り
因果モデル：結果←f（C）－その他諸条件

予測の焦点は矢印の先、結果にあります。これに対して因果の焦点は矢印の手前、C（原因＝処置）にあります。予測モデルでは、矢印の手前がどうなっていようと、結果に適合していればよいのです。

これに対して因果モデルでは、矢印の手前にあるただひとつの原因が変化を及ぼすかどうかが問題なのであって、全体として結果に適合していればよい、という考え方はしません。実際、実験的な因果推論モデルで「データへの適合度」を測定するといったことはしません。対照的に機械学習を使った予測モデルでは、まさに適合＝フィットが問題になります。

ここに、予測と要約の共通点があります。いずれも、実際のデータによくフィットするモデルを探すのです。ただ、予測ではそのモデルは意味的に理解できるものでなくてもよいのに対して、要約では意味的に理解できるものが構築されます。

どの道に進むか

構造化データ（関係データ）の分析方針についてまとめてみましょう。データへのフィット（適合）を目指す立場が「要約」（通常の回帰分析、ログリニア分析等）と、「予測」（機械学習、正則化等）でした。前者は意味的に理解できるモデルを追求し、後者はそれにこだわりません。意味的解釈にこだわらない手法としては「因果」がありますが、これはもはやデータへの適合を分析の方針とはしません。

これから「データ分析の道を極めたい」と考える初学者の方には、ここで説明してきたような分岐点を意識してほしいと思います。データの作成自体に興味がある場合、まずどのタイプのデータ作成に興味があるのかを考えてみてください。ネットワークモデルなのか、関係モデルなのか、それとも階層・分類モデルなのか。この点でＡＩを用いたデータ化が優位

分析方針	要約	予測	因果
意味理解	必要	不要	不要
データへの適合性	目指される	目指される	目指されない

表４　３つの分析方針の特徴

点を持っているのは、明らかに階層・分類モデルです。

最も普及している関係モデルのデータの分析に関心がある場合、それをどう利用したいのかによって方針が変わってきます。たとえば「社会の仕組み」を計量的に説明したい、と考えるのならば、「予測」や「因果効果」を重視した方法を学んでも得るところは少ないでしょう。まず習得すべきなのは「要約」手法です。ＡＩに興味がある場合、やはり主眼は「予測」になります。

データの構造や分析方針について、一定のセンス（分別）を持つことは重要です。そうしないと、道を間違って無駄な努力をしてしまうかもしれません。というのは、それぞれに必要な知識やスキルが違うからです。

筆者自身は計量社会学者であり、「社会に関するデータを関係モデルとして集めて要約する」ことが重視される分野にいます。この分野だと、データや分析結果の意味理解を常に重視しますから、私の場合には対象（社会）そのものについても十分に知識を蓄積しておく必要があります。

そうしないと間違ったデータの集め方、使い方、そして解釈をしてしまうからです。データの要約は、データが指し示す対象との意味的な往復作業にこそ極意があります。

もちろん筆者も「因果」に興味がないわけではありません。因果推論の論文に触れることも多いですし、自分自身でも因果推論に近い手法を使うこともたまにあります。ただ、少なくとも仕事として「予測」を行うことはありません。しかしアンケートデータからの職業分類などで、間接的に機械学習による予測の結果に助けられることもあります。また、よりよい要約モデルを見出すために探索的に機械学習モデルを走らせることはあります。

ですので、特定の方針に進んだからといって、他の分野の手法が視野に入らないということはありません。他分野にも一定の目配せは必要です。ただ、「なんでもやってみたい」となると、勉強時間が足りなくなると思いますので、注意が必要です。

第六章

数量化のセンス再訪

そもそも何を数えているのか？

第五章では、データの構造についてお話ししました。データを構造化するやり方にはいくつかのモデルがあって、そのうち最も普及しているのは関係モデルだ、ということでした。関係モデルとは、関連する多様な情報のセットを多数重ねて構造化する方法で、データは通常は表（テーブル）のかたちで表現され、Excel のような表計算ソフトで格納可能です。

関係モデルのデータが普及している理由についても説明しました。記述や分析のしやすさも重要な理由ですが、すでに私たちの世界が関係モデルに適合したかたちで構造化されていて、データを収集・蓄積させやすい、ということにも触れました。わかりやすいのは「個体」、たとえば個人で、個人はそのなかに多数の情報を内包しているため、アンケート調査等を通じて関連する多様な情報を集めやすく、それを「一人1行」のかたちで表に収めるわけです。

ところで、この個体について突き詰めていくと、統計学の世界、あるいはそれがつながっている私たちの住む社会について、一歩理解が進むのです。この章では、統計学の教科書ではあまり触れられない、個体という不思議な存在について語っていこうと思います。

さて、個体のひとつである個人というのは、データの特性上、どのような意味があるのでしょうか？　すでに触れたように、計量分析の文脈では、個人や地域など、固有名がつけられているものを「個体（individual）」という言葉で表現します。「鈴木さん」「福岡県」などがそうですね。固有名がつかない個体もあるのですが、さしあたりこのようにイメージしてください。個体ではない情報には、たとえば「性別」「学歴」などがあります。

個体とそれ以外の情報は、全く異なったものです。ですから、「私鈴木は、男性で、高卒で、仕事は営業職で……」と自己紹介することはあるでしょうが、「私は男性で、高卒で、鈴木で、福岡出身です」といわれると、ぎょっとしますね。それは、情報の質が異なるものを並べているからです。ふつうは「私鈴木は、高卒で……」となるはずです。ここでは鈴木という個人が、学歴や出身地などの情報をそのなかに含んでいるわけで、**情報の容れ物とその中身を並べるのはおかしい**のです。

個体について考えることの重要さを説明するために、先取り的にひとつ例を挙げましょう。日常世界では、双子は「二人」ですね。四人家族は四人です。しかし計量分析の世界では、この数がもっと少なくなります。つまり双子を二人と、四人家族を四人とカウントしないことがあります。不思議ですね。これは、計量分析特有の「数え方」によるものです。そしてそれは、個体という概念の特徴によって説明されます。

個体はしばしば数える際の単位になりますから、統計や調査においてはきわめて重要な概念です。しかしその正体については、実は統計学の教科書でもあまりちゃんと説明されていないことが多いのです。ただ個体の特性についてちゃんと理解すると、データの見方が格段に豊かになり、数についての理解を「一歩前」に進めることができます。

第一章では、個体を「類似性」という特徴から説明しました。つまり、ある大きなカテゴリー（たとえば哺乳類）のなかのひとつの下位カテゴリー（たとえば人間）は、他のカテゴリー（たとえば猿）と比べて共通の特徴があるから、「そろっている同じ個体」として数を数えることができるわけです。

しかし、計量的な測定をして何かを数える場合、個体は必ずしもデータを数える単位でないこともあります。私は第一章で「人間を数えるとき、私たちはふつう『1・5人』といった数え方をしません」と書きました。しかし**実は計量分析の世界では、1個の個体が「1個分」として数えられないこともよくある**のです。

「一人」が「一人」にならない世界

実は、計量分析における「データと個体の関係」は、日常的な思考法と少し違うところがあります。データと個体の関係を理解するためには、「数える」ということについての私たちの概念をもう少し掘り下げる必要があります。

私たちは、板チョコがいくつか置いてあって、その個数（枚数）が知りたいときは、ふつうに「１つ、２つ……」と数えますね。それは、数えることの目的が、たとえば「一人何個食べられるかが知りたい」にあるからです。しかし目的が比較ならば話が違ってきます。Ｍ社の板チョコ10個とＬ社の板チョコ10個があるとしましょう。食べ比べをするとき、20個の板チョコをわざわざ食べ比べすることはしませんよね。よほど製品の出来がまちまちであるのなら別ですが、ふつうはＭ社の板チョコ１個、Ｌ社の板チョコ１個、計２個で十分です。これが１００個でも１０００個でも、１個とほぼ同じ情報的価値しか持ちません。

量の観点からいえば、「１０００個食べても１個食べても同じだ」とはならないでしょう。しかし味の見極めや品質検査の文脈では、１０００は１０００の価値を持たないのです。なぜなら、一つ一つの差（異質性）がきわめて小さいからです。質を判断するために「１００

0個ずつ比べたのでそれだけ結果が確実だ！」といえるためには、実は個体ごとに性質が異なっている必要があるのです。これに対して人間を20人ずつ比べるのなら、「ひとりずつみれば大丈夫」とはならないかもしれません。人間にはたいてい、大きな個体差があるからです。

このような数え方は、統計学において誤差を考えるときには特に重要になってきます。簡単にいえば、統計学では「異質なものの数は大きく、同質なものの数は小さく」数えることがあるのです。完全に同質な個体１０００個は、統計学的には１個の価値しか持ちません。

では、「同質なデータ」はどのように生まれるのでしょうか？　別の例で考えてみましょう。アンケート調査のデータを使って、「幸福度」を分析したいとします。もろもろの測定上の難しさはありますが、次のようなシンプルな質問と選択肢が使われることも多いです。

問　あなたは、現在幸せですか。

選択肢　非常に幸せ／幸せ／どちらでもない／不幸せ／非常に不幸せ

その結果、たとえば次のようなデータが得られたとしましょう。

非常に幸せ	２５３
幸せ	６９０
どちらでもない	４５１
不幸せ	１５５
非常に不幸せ	58

さて、このデータの単位は、「人」でしょうか。そう答えたくなりますよね。「非常に幸せだと回答したのは２５３人だ」と説明したくなります。しかし単位を「人」だと考えると、計量分析をするとき都合が悪くなることが多いのです。

「そんな馬鹿な、たしかに単位は人だろう」と思う人も多いと思います。では、この結果から1年後に、再び同じ対象者に同じ質問をしたとしましょう。第三章にも登場した縦断調査ですね。架空の結果ですが、**表5**（次ページ）のようになったとしましょう。

全体的に、幸せな人が減って「どちらでもない」「不幸せ」の人が増えている傾向がわか

	1回目	2回目	計
非常に幸せ	253	171	424
幸せ	690	513	1203
どちらでもない	451	564	1015
不幸せ	155	303	458
非常に不幸せ	58	56	114
計	1607	1607	3214

表５　幸福度に関する縦断調査結果

りますね。では、**表5**の右端の列の数字、たとえば「非常に幸せ」の計424という数字の単位は何でしょうか？今度は、「人」だと即答する人は少ないでしょう。なにしろ424のなかに同じ人が含まれている可能性が高いですからね。「『非常に幸せ』だと回答したのは424人」といってしまうと、「数の水増しだろう」といわれてしまいかねません。だとすれば、結果的に最初の「253」という数字も、「人」が単位だと考えることが難しくなります。

この例だと一人につき2個の観察が行われています。では、1回きりの調査のときにその単位を「人」だと考えることにはそれほど問題はないでしょうか。

実はそうでもありません。「同じ人」を複数回観察した結果と、「違う人」を複数人観察した結果だと、たいていは前者のほうが類似性（同質性）は高まりますが、場合によっては違います。成長が早い児童期では、「同じ生徒の異なった学年」より、「同じ学年の異なった生徒」のほうが学力が近似する可能性もあります。個体の類似性をもたらす要素は、「同一人物」や「同一学年」など、いろんなものがあります。

「情報の容れ物」としての個体

調査統計では、データの数を厳密に表現する場合には、「観察数 number of observations」と呼びます。日本だとしばしば「ケース数」という言葉が用いられますが、どちらかといえば観察数のほうがより適切な言い方です。

観察されたデータは、特定の時間に特定の状況で、特定の個体について観察したときに得られる値です。ただ、これは個体「特有」の特徴とは限りません。たとえば「幸福な人が◯人いる」といった言い方は、ほんとうは正確ではありません。なぜなら、質問に回答したときは「幸福」な気分でしたが、その直後に家族と喧嘩してしまい、不幸になってしまうかもしれないからです。ましてや1年後だと、置かれた環境もずいぶん異なってくるでしょう。

もちろん、たとえば10年間の観察期間中ずっと「非常に幸せ」と回答している人がいれば、幸福なのはその人固有の特徴のひとつだ、といってもよいかもしれません。それでも、11年目に不幸になる可能性はあるのだから、幸福度は個体不変の特徴であるとはいえません。

そう、データとして現実に存在するのは、個体について観察された特定の値なのであって、個体そのものではないのです。個体には、それこそ無数の情報が入り込んでいます。あるいは、個体を核としてさまざまな要素が結びついている、ともいえるでしょう。これまでも何度か書いてきましたが、**個体は多様な情報の「容れ物／核」である**、といったイメージを持ってもらえればよいと思います。

なにしろ「容れ物」ですから、情報が出入りすることも、また中身が変化してしまうこともあります。ずっと幸福な人もいれば、幸福度が比較的短期間で変化する人もいる。ずっと男性の人もいれば、途中で性別が変わる人も少ないながらいるでしょう。

個体のなかには、変化しやすい情報と変化しにくい情報があります。一人の人間のなかで「変化しにくい」情報には何があるでしょうか？　もちろん性別は変化しにくい情報ですね。ただ、性自認の変化や性別の変更のケースは少ないながらありますから、同一個人のなかで報告される性別が変化することはもちろんありえます。しかし、年収や幸福度と比べれば性別は変化しにくい観察データでしょう。

では、「絶対に変化しない情報」には何があるでしょうか。出生地や出生年、そして自分が生まれる前の父母の置かれた状況や特性（たとえば学歴）は、本人の人生のなかで変わることはないでしょう。もちろん登録上のミスなどのせいで観察データが修正されることはあります。* それでもほんとうの情報には変化がないはずです。

＊出生の登録が緩かった昔は、自分のはっきりとした生まれ年がわからない人も少なからずいました。たとえばずっと「明治25年生まれ」だと信じていたが、その実「明治26年生まれだった」ということがありえました。かつて「世界最長寿」としてギネスブックに記録されていた鹿児島県の泉重千代さんは、１９８６年に亡くなりました。江戸時代１８６５年生まれ（したがって１２０歳）だと思われていたのですが、その後の調べで実は死亡時１０５歳であったことが通説になっています（ジョン・R・ウィルモス〈２０１０年〉「人類の寿命伸長：過去・現在・未来」『人口問題研究』66〈3〉：32-39）。

ですから、同じ人に何度も調査をする縦断調査の場合、出生年や出生地は一度しか聞きません。たいていは1回目の調査のときに尋ねて、それっきりです。変化しない以上、何度も聞くことには意味がありません。要するに、これらの情報はずっとその個人（という容れ物）のなかにあって変化しない、という理解をします。

電子技術的には、関係データベースに格納される情報はinteger（整数）、string（文字列）、boolean（真偽値）といったデータ型で分類されます。年齢はinteger、居住地はstring、「はい／いいえ」回答はboolean、といった具合です。ただ、社会科学のデータでは個体内で「変化する」「しない」ということに留意してデータを見分けることも必要になります。

また私たちは、個体を整理（構造化）するとき、必ずしも「個体がさまざまな情報の容れ物」という考え方で行うわけではありません。関係データは「個体で（その他の情報を）整理する方法」であって、「個体を（その他の特定の情報で）整理する方法」ではありません。日常生活では後者もよくみられます。たとえば学校で「男女別に並ぶ」であったり、病院で「初診外来の方はこちら」であったりするわけです。ただ、個体で整理した関係データがあれば事後的に個体を整理することは、集計や並べ替えで容易にできますが、逆はできません。個体で構造化するほうがその後の取り扱いが柔軟にできるわけです。

いろいろな個体

個体は「情報の容れ物」ということでした。では、個人以外にこのような特徴を満たす存在はあるでしょうか。

　理屈上は、何でも「個体」になりえます。机の上のクリップも、本棚の本も個体になりえます。が、通常はたくさんの情報の容れ物になる、あるいはたくさんの情報の結節点になるようなものが個体として位置付けられます。もうちょっというと、**たくさんの情報の結節点になるからこそ、私たちはそれに固有名をつけ、個体として認識している**のです。したがって、単なる本はふつうは個体にはなりません。同じものがたくさんあるからです。ただ、稀《き》覯《こう》本と呼ばれる貴重な書物には、固有名がつけられることもあります。また、職人の手に馴染んだ大工道具、野球選手が使い込んだグラブなど、そこに一定の情報あるいは関係が蓄積した場合、名前がつけられないまでも固有性を獲得し、個体として認識されるようになります。

　社会統計に関連するもののうち、このような容れ物としてのよい条件を備えている個体には、個人のほか、たとえば地域があります。国や都道府県ですね。「福岡県」という個体には、「人口が約５１１万人、面積が４９８７平方キロメートル、県内総生産は○円、大学は○個……」といった情報が紐付けられています。ほとんど変化しないのが面積で、絶えず変化するのは人口や経済です。ただ、総生産の面で東京都と島根県の順位が目まぐるしく変わるということはないですから、経済規模も相対的には変化しにくい要素に入るでしょう。

人間や地域は個体としての要件をわかりやすく備えています。ちょっとわかりにくいのですが、この要件を備えている別の個体としては、「時間」があります。たとえば「２０２０年」という時間は、経済、人口、気候といったたくさんの側面で、２０１９年とは異なる「共通の特徴」を持った容れ物です。時間という個体のなかには、地域を横断して共通の値をとる情報がたくさん詰め込まれています。１９７３年には第一次オイルショック、２０２０年には新型コロナという、多数の国に共通した動きが入り込んでいます。

個体内でより変化しにくい、厳密にいえば個体内であまり変動しない特性こそが、その個体のアイデンティティをかたちづくります。地域のなかで変動しにくいというのは、時間を通じて変化しにくいという意味です。対して時間のなかで変動しにくいとはどういうことでしょうか。少しわかりにくいのですが、これは、その時間のなかに存在する別の個体、たとえば都道府県に共通しているデータだ、ということです。高齢化率という観察データは、都道府県ごとに異なった値をとるでしょう。これに対して所得税率は、少なくとも日本の場合、地域によって異なることはありません。したがって所得税率は「時間という個体のなかで変動しない」データなのです。

個体は、それ自体に個体とはいえないさまざまな情報を内包していますが、個体もそのなかに入り込むことがあります。福岡県のなかには500万人以上の個人という個体が入り込みます。「学区」「学校」「学年」「学級」「生徒個人」のように多層的内包関係もあります。この「入れ子」関係が、個体の類似性・同質性を生み出す大きな要因です。同じ個体＝容れ物（たとえば「京都大学」）に入っている異なる個体（学生）は、一定程度の同質性を備えているわけです。

計量的な調査分析をする上では、上記のような個体およびそれを内包する要因の特徴を、しっかりと踏まえておく必要があります。

個体の観察の仕方

第二章で、「違いをみる（比べる）ときには、そろえた上で」という話をしましたね。ですから、個体を集めて比べるときは、個体はある程度共通の（きわめて変化しにくい）特徴をたくさん持っている、すなわち「最低限」は同質である必要があります。では個体が同質であればあるほどよいのかといえば、そんなことはありません。多様性・異質性もある程度は必要になります。このバランスのとり方は、計量分析の目的によって全く異なってくるので、データを集める場合には強く意識しておく必要があります。そうしないと、調査にかけるお金や手間の無駄遣いになりかねません。

一般に因果効果に関心がある場合、同質性を多めにして、異質性を限りなく少なくするようにデータを集めます。第三章で紹介した分断を含むデータがいい例ですね。これらは、何らかのきっかけで分断された以外は同じ個体の観察値です。個体の同質性が大きいほど、結果の違いが原因（処置）の違いによって生じたものかどうかを判断しやすくなります。一卵性双生児で育ち方も同じ二人なら、ここ1週間の学習時間の違いがテストスコアに与える影響を測りやすいです。もちろんすべてが同質の個体を集めても何の意味もありません。きわめて同質性の高い個体で、一部（関心のある情報）だけ異質、という配分が理想なのです。

他方でデータの広がり――たとえば日本人の年収の分布――に関心がある場合には、個体はある程度多様である必要があります。データによって社会全体の様子を知る（記述する）、といった目的がある場合などですね。この場合、同質な個体ばかりを観察したのでは、お金と時間の無駄になります。ただこの場合でも、個体の共通点が何もなければ、そのばらつきを記述することに意味がありません。人間と他の動物を同じ個体として集めても、役に立つ比較はできませんね。因果でも記述でも、同質性と異質性のバランスをとることが肝心です。

計量的に個体として取り扱うことに意味があるものは何なのかは、そのデータで何がしたいのかに応じて違います。さらに同じ個体でも、目的が違えば観察の仕方も変わってきます。

さきほどの縦断調査について考えてみましょう。縦断調査とは、同じ個体を反復して観察するタイプの調査でした。しかしその目的はさまざまです。もし個体に何らかの変化（たとえば失業）があったときに、その影響（たとえば幸福度の変化）があるのか、どれくらいあるのかを知りたいとしましょう。その際には、失業というイベントの前後の幸福度が観察されていればよいのです。このとき、その観察の間隔はあまり空けないほうがよいでしょう。間隔が長いと個体が変化してしまい――つまり個体の異質性が大きくなってしまい――幸福度の変化が失業の効果なのか、その他の変化した要因の効果なのかが判別できなくなるからです。

他方で、もし人生のなかでの経験の分布（たとえばいつ結婚し、いつ子どもを持つかなど）を記述したい場合には、個人が変化を多く経験できるように、観察期間を長くする必要があります。ただこの場合には、同じ人を長期観察するのではなく、人生を振り返って思い出してもらえば済むでしょう。これを「回顧調査」といって、社会学ではしばしば用いられる方法です。

分析では個体をどう扱うか

以上、分析の目的に応じて個体の観察の仕方が変わるということを論じました。観察の仕方というのは、要するに「調査の仕方」です。第一章で述べましたが、調査観察には大きなコストがかかります。何のために調査研究をするのか――因果分析をしたいのか、社会の記述がしたいのか、など――をはっきり理解して、それに応じた調査設計をしなければ、お金の無駄遣いをしてしまうことになります。

では次に、観察データが得られたとして、そのデータの分析のなかで個体がどう扱われるのかをみてみましょう。

確認ですが、個体とは「男性」「正社員」「大卒」「幸福な人」といった特性、あるいはその特性を持った集団を指すものではありません。個体とは、個人であれば「鈴木一郎さん」「田中陽子さん」といった個々の人間を指します。「男性」「正社員」「大卒」「幸福な人」といった雑多な情報の「容れ物」が個体なのでしたね。地域だと「福岡市」は個体ですが「県庁所在地」「人口１００万人以上の都市」は違います。時間だと「２０２０年」は個体ですが、「経済成長率が２％台の年」は違います。

分析においては、個体という容れ物に入った情報を取り出すことが「観察」に当たります。具体的には、アンケート（調査票）調査で聞き出すことですね。調査票では、調査対象となる個人に共通した情報*を観察します。こうすることで、グループどうしの比較をします。たとえばフルタイム勤務のグループとパートタイム勤務のグループで時間あたりの賃金がどれくらい違うのかをみるわけです。

＊これが必ずしも解釈の余地なく「同じ」であるとは限らないことは第二章で論じました。ここではこういった問題がクリアされているとみなします。

以上を簡単な式で表現しましょう。

時間あたり賃金＝個体差

この基本式では、鈴木さんの賃金は１５００円、佐藤さんの賃金は１０００円といったことしか表していません。しかし賃金は勤続年数に応じて変化することが容易に想像できますね。そこで、勤続年数も一緒に観察して、式に投入しましょう。

時間あたり賃金＝ｆ（勤続年数）＋残差

ｆというのは関数です。勤続年数の値によって時間あたり賃金が変化することを表しています。括弧のなかに入るものを説明変数と呼びます。これに対して時間あたり賃金は説明される変数ですから、被説明変数です。また、ここで個体差が「残差」という言葉に変わっています。残差とは、説明変数によっては説明できない時間あたり賃金の残りの部分です。

たとえば、勤続年数が1年長くなると賃金が１００円増える場合、

時間あたり賃金＝1000＋100×勤続年数＋残差

となります。ただ、同じ勤続年数でも人によって時間あたり賃金は同じにはならないでしょう。たとえば鈴木さんと佐藤さんでは、次のように違うかもしれません。

鈴木さんの時間あたり賃金（1500）＝1000＋100×勤続年数（3）＋残差（200）

佐藤さんの時間あたり賃金（1000）＝1000＋100×勤続年数（3）＋残差（－100）

つまり、鈴木さんの場合は勤続年数で説明できなかった部分がプラス２００円、同じく佐藤さんではマイナス１００円あるわけです。この説明できていない差は、まだ観察されていないさまざまな要因によって説明できます。候補としては、学歴、資格、企業規模などのほか、地域（たとえば東京都の平均時給は高いです）、性別（残念ですが）といった要因が考えられます。上記の二つのデータが同時期に観察されていない場合、観察時の景気かもしれません。いずれにしろ、観察されていない未知の要因が、「容れ物」としての残差のなかにたくさん含まれています[*]。

＊厳密にいえば、「賃金が観察される」（働いて賃金を得ている）ということ自体が偶然以外の何らかの要因の影響を受けていることも考えられます。何らかの影響によってそもそも観察されない個体があることを、統計学では「サンプル・セレクション」といいます。調査非協力や非回答による非観察はその例

です。

個体を使った「犯人探し」

さきほど述べたとおり、多数の要因の容れ物としての個体は必ずしも個々の人間とは限りません。国や都道府県などの地域、そして時間も個体として扱うことが可能なのでした。調査票調査の具体的なデータだと、次のようになります。「居住地」「調査年」「ＩＤ」が個体情報で、その他は違います。

これらの異なった水準の個体情報のみで、観察されたデータを表現することもできます。地域、時間、個人の三つだと、以下のようになります*。

時間あたり賃金＝地域差＋時間差＋個人差

*厳密にいえば、計算できるのはそれぞれの個体レベルの平均からの距離（および分散）になります。専門的な話になりますので、ここではスキップします。

ID	居住地	調査年	性別	年齢
1001	東京都	2019年	男性	36
1002	福岡県	2020年	女性	28
1003	…	…	…	…
…	…	…	…	…

表６　個票データの例

　ここでは個体差を三つに分割しています。地域差とは、これが日本国内の観察であれば、たとえば47都道府県ごとの個体差に分かれています。時間差とは、観察期間中の任意の時点です。たとえば２０１１年から２０２０年まで年１回観察したとすれば、10個の異なった個体（時間）があります。この二つで説明できなかった部分が個人差のなかに含まれます。この部分は、ほんとうは別の個体にも分割できます。市町村であったり、月であったり、会社であったりです。ここでは個人差の部分が残差、つまり地域差と時間差で説明できなかった残りの部分が入れられています。

　計量分析の手法にはさまざまなものがありますが、個体差を表現するための最適なモデルは「ランダム効果（random-effects）モデル」と呼ばれるものです。この手法を用いれば、上記三つの個体差それぞれが、年収観察値のばらつきの何％

を説明するのか、といった計算をすることができます。たとえば地域差が30%、時間差が10%、残りが60%、といった具合です。

繰り返しますが、これらの個体は、それぞれが情報(要因)の容れ物なのでした。たとえば都道府県という地域個体の容れ物には、都道府県ごとに変動する情報(地域人口、経済力、高齢化率等々)が入っています。この容れ物のなかから、観察(調査)によって一部の情報を取り出していきます。都道府県の箱から地域の失業率、時間の箱からそのときの日本の景気動向指数、個人差(厳密には残りの個体差)の箱から学歴、といった具合にです。

統計学では、観察して取り出した要因の効果を固定効果(fixed-effects)、それ以外の個体の効果をランダム効果と呼んでいます。* ですので、賃金観察値は次のように分割されます。

*固定効果とランダム効果の両方を含むモデルのことを「混合効果(mixed-effects)モデル」といいます。

時間あたり賃金=固定効果(地域レベル)+固定効果(時間レベル)+固定効果(個人レベル)+地域差+時間差+個人差

後ろの三つがランダム効果ですね。無限に要因（固定効果）を観察していけば、個体差の三つの部分はどんどん小さくなっていきます。しかし現実にはそんなことは無理ですから、どんな場合でも個体差は残ります。ただ、たとえば地域レベルでの失業率を観察して固定効果に移した場合に、上手く説明できれば、地域差の容れ物に残っている有力な要因が減りますから、地域差の値（分散）はそれだけ小さくなります。

いくつか要因観察した結果、説明されていない個体差の量が減り、またその構成が地域差10％、時間差5％、残り50％になったとしましょう。そうすると、年収を説明するためにさらにどんな値を観察すればよいのかが絞り込まれてきます。この場合、地域レベルと時間レベルの要因よりも、それ以外の要因を探したほうがよい、ということになりますね。このように個体差の情報は、以上のように「犯人探し」に使えるわけです。

このような分析は、計量分析の世界では「探索的分析」と呼びます。データをあれこれ分析して、隠れた構造を見つけたり、影響力の高い要因にあたりをつけたりするのが探索です。いくつかの手がかりから犯行の構造を描き出したり、犯人の目星をつけたりするようなものです。

探索の反対は「確証」です。確証的分析では、有力な容疑者を特定したあとで、その容疑者がほんとうに罪を犯したのかを吟味することです。計量分析でいう仮説検証は確証的分析に当たります。

統計学や計量分析の教科書では、確証的分析についての説明が多くを占めていて、探索的分析の仕方についてははっきり書かれていないこともあります。しかし複雑な世の中では、最初から有力な容疑者が見つかることのほうが珍しいものです。ここで紹介した、個体情報を利用した探索はかなり有用性が高いものですので、ぜひ覚えておいてください*。

＊多少専門的になりますが、筒井淳也、２０１２、「マルチレベル分析を有効活用するには」『社会と調査』９：１０２‐１０６などをごらんください。

観察間隔の決め方

ではいよいよ、この章の最初に提示した謎について考えてみましょう。繰り返すと、計量分析では、**「1個の個体が1個分にならない」ことがあるという謎**です。

ID	調査年	幸福度
1001	2017	5
1001	2018	4
1001	2019	5
1002	2017	3
1002	2018	2
1002	2019	4
…	…	…

表7　縦断データの例

「1個の個体が1個分にならない」ということは、次の例でとりあえずは理解できます。再び縦断観察調査の例です。複数の個体（たいてい個人）にあいだを置いて繰り返し同じ情報を観察する縦断調査ですが、通常は1年に1回調査観察を行います。たとえば２０１７年から3年間幸福度を観察すると、**表7**のように記録されます。

この場合データの個数は、欠損がない場合には「対象者数×調査回数」になります。３０００人を対象とした調査で3回観察すれば、９０００個のデータが得られるわけです。

統計学的には、データの数が多い——サンプルサイズが大きい——ほうがいろいろよいことがあります。一番のメリットは、誤差が小さくなることです。サンプルサイズが１００人の場合と、1万人の場合では、そこから計算した平均値のばらつきは大きく異なります。１００人の女性を（人為的偶然により抽出して）観察して身長の平均値を計算したら、1

60センチメートルだったとしましょう。また別の100人を選んで計算すると、今度は158センチメートルでした。抽出ごとに平均値は確率的にばらつきます。これが誤差です。このばらつきの大きさは、一度に抽出するサンプルのサイズを大きくすれば、小さくすることができます。たとえばサンプルサイズを1万人にすれば、基本的には誤差は10分の1になります。

ここで、「誤差を小さくして正確な推定を行うためには、サンプルサイズを大きくすればよい、そのためには繰り返し調査を行えばよい」という考え方は「アリ」でしょうか。答えは、「アリですが、調整が必要」というものです。

上記の例では、幸福度の観察が1年ごとに行われていました。では、ある観察の1分後に次の観察をしたらどうでしょうか。こうなると、「いやそれはインチキだろう」といいたくなる人がいるでしょう。インチキとはこの場合、サンプルサイズの水増しです。不当にデータの個数を増やして、誤差を少なくしようとしている悪い研究者がいる、と思われてしまいそうですね。

では、以上のようなインターバル（間隔）が短い観察をする研究者は、ほんとうにいかなる意味でもインチキ研究者なのでしょうか？

考えてみれば、1年後に同じ人を観察するのはよくて、1分後だとダメだというのなら、適切な間隔とはどういうものになるのでしょう。半年でしょうか、それとも3日でしょうか。逆に、10年、あるいは30年ではどうでしょうか。

このように考えると、どのくらいの観察間隔が「正解」なのかよくわからなくなりますね。計量分析的には、正解は「ケース・バイ・ケース」です。つまり、「すぐに再観察」でも問題がない、むしろ望ましい場合があるのです。

間隔が短くても問題がない、むしろ短いほうがよいケースとは、たとえば次のようなものです。コーヒーが幸福度に与える因果効果を知りたいとしましょう。この場合、コーヒーをとる前後に、あまりあいだを空けずに幸福度の観察をしたほうがいいかもしれません。あいだが空いてしまうと、コーヒーをとる以外のいろんな行動や経験が発生して、何が幸福度の変化を引き起こしたのかがよくわからなくなるからです。間隔を短くすれば、それだけ「前と後」の個体の同質性が高まり、「コーヒー摂取」と「幸福度」の関係を特定しやすくなります。もちろんこのときは、第三章で述べたような注意点、特にセルフ・セレクションの問題には配慮しなければなりません。

このように、関心のある行動あるいは変化以外は、できるだけ同質性を高めるためには、観察の間隔を短くする必要があります。観察間隔が短ければ短いほど、個体という容れ物のなかの情報が変化せず、同質性が高くなります。実際の調査において「数分」といった間隔を設定することはまず無理ですが、何かのイベントが生じたときにその都度観察をする仕組み[*]や、思い切って実験をする、といった方法があります。

＊具体的には、「経験サンプリング法（experience sampling method）」という方法が開発されています。最近では、調査対象者にあらかじめ電子デバイスを配布しておき、身につけたセンサーなどを用いてイベント発生を検知し、その直後に報告を促す、といった方法が考えられています。「コーヒーを飲んだかどうか」をデバイスで検知することは難しいかもしれませんが、心拍数や移動データから、何らかのエクササイズをしたかどうかなどはある程度わかるでしょう。恒常的に観察できるデータならば、イベントの発生前後のデータを得ることができます。

コーヒーと幸福度の研究のケースで、コーヒー摂取の前後の観察だけならば、一人につきデータは二つになります。１００人に調査すると２００個のデータですね。このとき、「対象者は１００人なんだから２００個のデータはインチキだ」という人はいないでしょう。というのは、コーヒーを摂取しているかしていないかという異質なデータが観察できているからです。

他方で、コーヒーを摂取する前後30分（合わせて60分）の時間を観察間隔として、1分ごとに観察し、データを一人につき60個にしたらどうでしょうか。今度は明らかに水増しですよね。コーヒーの摂取前の30個のデータは、実質的に1個にしたほうがよいです。だって、その30個は「ほぼ同じデータ」なのですから。

「二人でも一人」の謎

以上のように計量分析では、同質の個体については「観察数分だけサンプルサイズを増やす」ということがないようにしなければなりません。そうしないと、サンプルサイズの不当な水増しになります。

では、個体がどの程度同質なのかを判断するにはどうしたらいいのでしょうか。少し専門的になりますが、このためには「級内相関（intraclass correlation）」という数字をみます。級内相関とは、データが個体の平均値の周りにどれくらい集まっているのかを示す数字です。**図18**（次ページ）をみてください。上の図のように、数値が平均値の周りに集まっている場

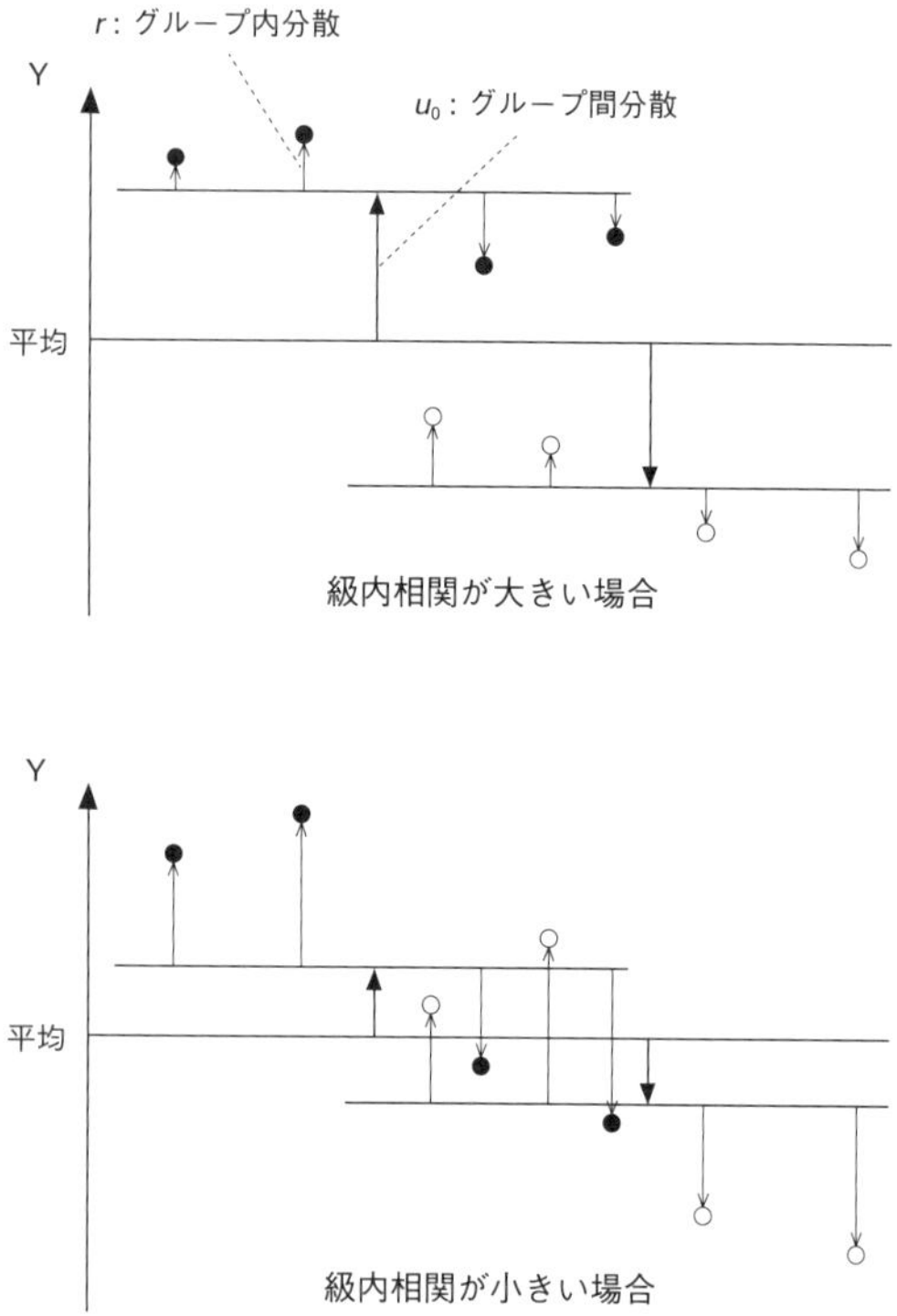

図18　級内相関

筒井淳也・不破麻紀子、2008、「マルチレベル・モデルの考え方と実践」『理論と方法』23（2）：139-149より合、級内相関が大きいとみなします。極端な話、一個体につき10個の観察がなされていても、値が個体の平均とすべて一致しているのなら、観察データは個体につき1個とみなすべきでしょう*。

*実際の計量分析では、ＧＬＳ（一般化最小二乗法）、クラスターロバスト、そしてランダム効果など、いくつかの推定量が開発され、ソフトウェアに実装されています。これらを用いれば、分析者の側であれこれ操作する必要がなく、級内相関に応じて誤差を一定程度調整することができます。

個体が同質であることは因果効果の推定にはきわめて重要なことです。他方で同質な個体を何度も観察してしまうと、サンプルサイズを過大に（誤差を過小に）評価してしまいますので、注意が必要です。

私たちの生活では、全く同じ要素を持つ個体でも、唯一性を大事にする考え方があります。遺伝子や育ち方が同じ一卵性双生児でも、「似ているから二人を一人とみなす」という考え方はふつうはしません。それでも、遺伝子や育ち方が同じ一卵性双生児に対して学習時間の効果を知りたいのなら、二人に同じ経験をさせて同じ観察をすることにはたぶん意味がないですね。

少し抽象的な枠組みからこの話を位置付けておきます。統計学では、観察されたデータを何らかの要因で説明した後の残り（誤差）に、個体ごとの何らかの相関がある場合、サンプルサイズを過大に評価しないで割り引くという決まりがあります。この相関には、時間による相関（系列相関）、空間による相関（空間相関）、その他の個体（個人、自治体、国など）による相関があります。

この章では、計量分析において個体という概念が持つ意味を説明してきました。個体概念をきちんと理解しておくことは、お金のかかる調査観察のデザインにおいてはきわめて重要ですし、結論を導く分析においても、間違った結果を提示しないために重要なことです。

おわりに――数字に取り囲まれながら生きる

そもそも数字は何のためにあるのでしょうか？　あるいは、私たちはなぜ数字やその使い方を身につけるのでしょうか？

算数や数学が苦手な人のなかには、数字なんてなければ小さい頃苦しまなくて済んだのに、と思う人もいるかもしれません。好きにしろ嫌いにしろ、数字やその性質、あるいは数字を使ってできることについて私たちは義務教育のなかで必ず学びます。根本的な言い方をすれば、私たちが住んでいる世界やそこでの経験が、すでに数字によって成り立っています。それは、私たちが生まれるよりずっと前からそうです。

私たちを取り巻く物理的な環境について考えてみましょう。私たちは家に住み、道路や橋、鉄道などの公共的な建造物を使い、学校や会社などの建物のなかで長い時間を過ごします。

それらはすべて、少なくとも現代社会では数量的な計測や規格がなければ建造することができません。ハードウェア（建物）のみならず、ソフトウェア（規範、制度）も同じです。学校で何年過ごし、どれくらいの時間を何の学びで費やすのかは、教育制度が決めています。働いている人の給料の基準もまた、勤続年数などの数値を使って算定されます。私たちは、生まれたときには複雑な数字の概念を持ちません。しかし、いやおうなしに数字によって構成された世界に埋め込まれていくのです。

　数字は、私たちのアイデンティティをも形成します。現代社会では、私たちのほとんどは自分の年齢を知っています。そして、年齢は私たちの自己認識の重要な部分を占めます。することができる経験（たとえば飲酒）も、利用できる制度（たとえば結婚）も、年齢に左右されます。教育年数、勤続年数といった数値も、私たち個人を構成する重要な数字の部分です。

　私たちは、現代社会に暮らす以上、数字から逃れることはできません。すでに述べたように、私たちの住む環境には数字が深く埋め込まれていて、それを抜き取って世界を再構築することなど、もはやできないからです。

　といったわけで、最初の問いのうち、「なぜ私たちは数字やその使い方を身につけるのか？」については、環境に馴染むため、そこで上手くやっていくため、という答えが得られます。ただ、これは「数字は何のためにある？」という問いへの答えではありません。数字が何であるのかという問いへの一番シンプルな答えは、それが私たちの生活をある程度よいものにしてくれるから、ということになります。

ただ、数字が構成する私たちの生活環境と私たち個々人のあいだの関係は、あまり良好なものとはいえません。私たちは数字に追われ、悩まされることも多いものです。

これは、かつて社会学者のＭ・ウェーバーが資本主義社会について、「枠（Gehäuse）」という言葉を用いて表現した事態と少し似ていると私は考えています。ウェーバーはこう主張しました。イギリスでは、キリスト教の一派であるプロテスタンティズムが説く禁欲の精神に導かれ、人々が勤勉に働くことで、資本主義的生産が拡大しました。資本主義社会とは、ここでは資本を投入して作り出した機械による大量生産を基盤にした産業社会のことだと理解しておいてください。ウェーバーは、宗教的な倫理こそが、この資本主義社会の根底にあった、というのです。ところで、資本主義社会が発展してしまうと、人々はそれ以前の社会に戻ることができなくなります。そこでは、資本主義社会が作り上げた強固な「枠」あるいは「殻」にとらわれたまま、宗教的な倫理を欠いた経営者が貪欲に競争に走ったり、生きていくためには職務に没頭せざるを得ない労働者が自分の仕事の「意味」を失ったりすることが、ふつうに生じえます。

同様に、私たちは数字を駆使して、以前よりも圧倒的に安全で豊かな環境を作り上げました。数字の駆使がなければ、私たちの経済活動の基盤が失われてしまいます。しかし数字で規定されたその環境は、いったん出来上がってしまうと、なんとも不自由な「枠」として私たちの行動を縛ることがあります。

たとえば教育年限です。日本では、1947年公布の学校教育法の施行以来、初等教育に6年、前期中等教育に3年の計9年が義務教育となりました。これが教育の基本的な「外枠」になっています。しかしこの枠は、多様な子どもの実態からすれば不自由なものです。9年間の定型的な教育内容が、一部の子どもにとっては最適な期間ではないこともあるでしょう。もしかすると6年で修了して次のステップに進んだほうがよい子どももいるかもしれません。

いっそのこと教育の長さを数字で規定しないようにして、個々の子どもの特徴に寄り添ったほうがいいのではないか？　教える内容のステップを、もっと個々の子どもの能力に即して変え、優秀な子どもはもっと早く義務教育を修了させたほうがよいのではないか？　あるいは、実家の家業を継ぐことが決まっているのならば、いっそのこと義務教育を受けないことも許可すべきではないのか？

しかし、社会全体でみたとき、決まった数字の枠を外すことはたいへんな損失になりえます。なにしろ、能力や適性というのは曖昧なものです。また、個々の子どもが置かれた家庭環境もまた、複雑なものです。教える側にとっても、「この子は一定の段階を脱したから次のステップに」「この子には義務教育の必要性は薄いのではないか」といった判断を個々に行うことは、きわめて手間と時間のかかる作業になります。動かせない外枠があるからこそ、そこで活動する人たち（ここでは教員）はその他の仕事、たとえば教育方法の改善に力を注ぐことができるのです。

それに、判断基準が曖昧ななかで個別の判断を行うことは、もっとひどい事態を呼び込むことにもつながります。たとえばえこひいきです。会社での人事評価もそうですが、個々人の能力やパフォーマンスを客観的に判断することが難しいため、あまり本質的ではない要素が判断に紛れ込むことがあります。従順であるとか、容姿が好みであるとか、家族が名家であるとか、そういう外在的な事情が人を差別的に取り扱う理由になりえます。義務教育の「9」年というそっけない数字は、それ自体真に妥当で適正な数値であるかどうかはわかりません。ヨーロッパでは10年以上の国が多いようです。しかしそれでも、外枠としての規定の数字は、ないよりはずっと社会の運営をスムーズにします。それにより、個々人の幸福に結びつく側面も当然あるはずなのです。

さきほど、数字によって構築された私たちの生活環境を、ウェーバーが用いたGehäuseという言葉で表しましたが、この言葉は英語にするとcase（ケース）あるいはshell（殻）といった意味にもなります。殻は、私たちの活動を拘束するものですが、同時に守ってくれるものでもあって、そういう意味では二義的な意味を持っています。

現在の社会学では、この二義性を人間の行動や社会全般を理解する際の鍵となる概念として理解することがあります。イギリスの社会学者アンソニー・ギデンズは、「構造」という概念でこの二重性を捉えようとしました。ギデンズは、「拘束するものであり、同時に可能にするもの」という構造の二重性を、人間社会の本質的要素だと考えます。

具体的には、規則（ルール）です。ルールは、私たちの行動を縛るものです。が、同時にルールがあるからこそ、私たちは行動できるのです。たとえば、日本語の話者は、日本語の文法にしたがって会話します。ここから自由に外れて話すことはできません。その意味では言語とは不自由なものですが、そのことによって私たちはきわめて多くの行動、たとえば意思の疎通や他者との協力を可能にするのです。

読者のみなさんも、どうか「数字は冷たい」と突き放しすぎることなく、また数字を過信しすぎることもなく、ぜひバランスのよい数字との付き合い方を見つけてください。

あとがき

　これまで数多くの一般向け統計本・調査本が出版され、人気を博してきました。その多くは、いってみれば「こんなデタラメな統計や調査がありますので、気をつけましょう」といったメッセージを発するものでした。統計学については、なぜか「統計のウソ」を暴く本が売れるという、なんとも不思議な状況があったわけです。

　アメリカの作家マーク・トウェインが広めたといわれている諺に、「ウソには三つの種類のものがある。ウソ、最悪のウソ、そして統計だ」というものがあります。ジョエル・ベストの有名な本のタイトルは、『統計はこうしてウソをつく』です。もちろん、統計がすべてウソというわけではなく、統計には「信じられやすいわりに、いい加減なものが混ざっている」といったことなのでしょう。

数ある「統計のウソ本」は、広い意味での「リテラシー教育」としてみることができます。要するに、「正しい数字の見方を身につければ、ウソを見破ることができる」という趣旨なのです。

私自身は、自分が研究で関わるようになってから、統計や調査を巡るこういった知識の構図に対して、どこかしら違和感を感じるようになりました。というのは、数量的な研究においては、必ずしも「正解／不正解」「完全／不完全」といった明確な線引きがあるわけではないことがよくわかったからです。

どんなに完全にみえるデータや分析についても、「いちゃもん」をつけることは可能です。たとえば生活時間の調査は、どんなに計測方法を工夫しても、バイアスや誤差が必ずデータに生じえます。どこまでが家事の時間なのか？　どこまでが休憩の時間なのか？　時間とその過ごし方の解釈は、人それぞれの多様さがあって、得られるデータも当然そういった曖昧さを含み込んだものになります。研究者はそこで、「データが完全じゃないから使わない」というふうには考えません。ある程度妥当な計測方法であれば、それでよい、あるいは仕方がないじゃないか、と考えるのです。

もちろん、いい加減な調査観察や分析はあります。「ある程度妥当」と「いい加減」の違いはどこにあるのでしょうか？　その違いを見分けるのは、突き詰めれば「センス」になります。ここでいうセンスとは、その人なりの妥当性の感覚という意味もありますが、むしろ一般人あるいは研究者のコミュニティのなかで通用する分別や思慮、といった意味合いのほうが近いでしょう。「なるほど、それくらいの時間やコストしかかけられないなら、その程度のデータの正確さでよいでしょう」とか、「これ以上詳しく観察しようとすれば、よほど親切な人しか調査に協力しなくなるね」とか、そういう判断を、たいていは質的に行うことの積み重ねこそが、量的な研究なのです。

　したがって、肝心なのは「データのウソ」を暴くことではありません。データの作成や分析を特定のやり方で行うこと、あるいは提示されたデータや分析を読み解く際の限界と意味を、その都度丁寧に考えることなのです。

　本書が、そういった考え方を少しでも広げる一助になればよいと思います。

　本書の執筆を始めたのは、コロナ禍が始まる前でした。八割方書き終えたところで２０２０年の新型コロナ感染拡大が始まりました。数字について考える上で、新型コロナはいろんな考えをまとめるひとつのきっかけになった気がします。仕上げるのに時間がかかってしまったのは、行政や研究など他の仕事が多忙だったこともありますが、「もう少し寝かせておくともっとよいものが書けるかもしれない」という考えもあったと思います。

結果として、「数量化のジレンマ」「比較のパラドックス」「処置のジレンマ」「確率の変換」「個体とは何か」など、統計学を学ぶ上で重要な考え方――しかし一般にはそれほど注目されてこなかった考え方――をなんとかまとめることができました。本書は、統計の入門書としては多少難しい内容を含んでいると思いますが、理解できれば統計学や数字の扱いについて結果的に一歩進んだところまでたどり着けるのではないか、と思います。

最後に、想定外に時間のかかった本書を気長に担当していただいた光文社の小松現さん、「質と量」の問題について考える上で重要なヒントをくださった岸政彦さんと齋藤直子さん、その他知的な刺激を与えてくれたたくさんの研究者のみなさまに感謝いたします。

２０２２年12月　京都にて

筒井淳也

本文図表作成　デザイン・プレイス・デマンド

筒井淳也（つついじゅんや）

1970年福岡県生まれ。一橋大学社会学部卒業。同大学大学院社会学研究科博士後期課程満期退学。博士（社会学）。現在、立命館大学産業社会学部教授。専門は家族社会学・計量社会学。著書に『制度と再帰性の社会学』（ハーベスト社）、『親密性の社会学』（世界思想社）、『仕事と家族』（中公新書）、『結婚と家族のこれから』（光文社新書）、『社会を知るためには』（ちくまプリマー新書）、『社会学一非サイエンス的な知の居場所』（岩波書店）などがある。

数字《すうじ》のセンスを磨《みが》く　データの読《よ》み方《かた》・活《い》かし方《かた》

2023年2月28日初版1刷発行

著　者 ── 筒井淳也
発行者 ── 三宅貴久
装　幀 ── アラン・チャン
印刷所 ── 堀内印刷
製本所 ── ナショナル製本
発行所 ── 株式会社光文社
東京都文京区音羽1-16-6（〒112-8011）
https://www.kobunsha.com/
電　話 ── 編集部03（5395）8289　書籍販売部03（5395）8116
業務部03（5395）8125
メール ── sinsyo@kobunsha.com

ISBN 978-4-334-04648-4

光文社新書

1220
日本の高山植物
どうやって生きているの？
工藤岳

乾燥、強風、のちに豪雪――。過酷な環境に咲く可憐な高山植物には、したたかな生存戦略があった。この道三十年の植物学者が語り尽くす〝高嶺の花〟の秘密と魅力。

978-4-334-04627-9

1221
痛みが消えていく身体の使い「型」
伊藤和磨

日常動作の「型」を知り、実践し続けることで、慢性痛や不調が消えていく――「伝統＋科学」で正しい姿勢とフォームを身につける。すべての「型」やエクササイズを動画で解説。

978-4-334-04628-6

1222
「友だち」から自由になる
石田光規

「友だち」とはメッセージ性が強すぎる概念だ！ 古代ギリシアの時代から「友だち」がいかに変質してきたかを示しつつ、それでもなお成立する友情について探る。現代人のための新しい友人論。

978-4-334-04629-3

1223
アメリカの教会
「キリスト教国家」の歴史と本質
橋爪大三郎

福音派って何？ 宗教右派って何⁇ 数多《あまた》ある宗派、分裂、統合、栄枯盛衰……現代アメリカの「なぜ？」を理解するために、植民地時代から現在に至るまでを丁寧に辿り解きほぐす決定版。

978-4-334-04631-6

1224
死は存在しない
最先端量子科学が示す新たな仮説
田坂広志

死後、我々はどうなるのか。「肉親」と再会できるのか。なぜ、「最先端の科学の知見」と「最古の宗教の直観」が一致するのか。この本を読み終えたとき、あなたの人生が変わる。

978-4-334-04630-9

光文社新書

1225

日本のピアニスト
その軌跡と現在地

本間ひろむ

「ピアニスト」という言葉の響きが放つ魔力――。日本のピアニストたちが歩んできた軌跡を辿りながら、今日、私たちが目にしている「新しいピアニスト像」までを射程に入れて考察。

978-4-334-04632-3

1226

観光立国・日本
ポストコロナ時代の戦略

箱谷真司

外国人訪日客99％減――。インバウンド受け入れの本格再開後、どのように観光産業を再生するか。日本各地を巡りＤＸやＳＤＧｓ、観光公害対策など、現場の挑戦と葛藤を追う。

978-4-334-04633-0

1227

新地方論
都市と地方の間で考える

小松理虔

「都市」と「地方」。二項対立ではない視点から改めて地方を10のテーマで考えたときに、見えてくるものとは何か。福島県いわき市を拠点に、多彩な活動を続ける著者の思考と実践の記録。

978-4-334-04634-7

1228

不安型愛着スタイル
他人の顔色に支配される人々

岡田尊司

自己肯定感が低い、気を遣いすぎて疲れてしまう、感覚が敏感で体調を崩しやすい……生きづらさの理由、そして克服や治療法は？　職場や家庭での周囲の対応の仕方も事例を交え詳述。

978-4-334-04635-4

1229

広告の仕事
広告と社会、希望について

杉山恒太郎

広告から〝公告〟へ。日本の広告界のレジェンドが、自らのクリエイティブを振り返りながら、広告の未来を熱く鋭く語る。山口周氏とのロング対談を収録。解説・河尻亨一氏。

978-4-334-04636-1

1230
「美食地質学」入門
和食と日本列島の素敵な関係
巽好幸

蕎麦を育む火山、出汁を支える山脈、日本酒と地球の大変動――。多彩な和食が生まれた理由は日本列島にある!? 地下深くで密接に結びつく二つの意外な関係をマグマ学者が丁寧に紐解く。

978-4-334-04637-8

1231
時を超える美術
「グローカル・アート」の旅
新見隆

ローカル（地域、身近なもの）を大事にしながらグローバル（世界のありかた）につながる――。そんな「グローカル」な精神を宿した美術作品や芸術家に触れた「芸術風土記」エッセイ。

978-4-334-04638-5

1232
Ｗｅｂ３とは何か
ＮＦＴ、ブロックチェーン、メタバース
岡嶋裕史

「巨大ＩＴ企業の支配から個人が解放されたインフラ」で、「要素技術としてブロックチェーン、なかでもＮＦＴあたりを重視する」というＷｅｂ３の全体像を、批判的な見方を含め解説。

978-4-334-04639-2

1233
古典と日本人
「古典的公共圏」の栄光と没落
前田雅之

高等教育の古文・漢文不要論が唱えられる今、私たちに古典は本当に必要なのか。日本において古典が成立した歴史を辿りながら、そもそも「古典」とは何かということを考える。

978-4-334-04640-8

1234
小学校受験
現代日本の「教育する家族」
望月由起

拡大・過熱・多様化――誰が、なぜ、どのように受験しているのか。入学後の環境は？ 教育学者が小学校受験の実際や問題点、評価すべき点などを、経験者の声も交え具体的・リアルに報告。

978-4-334-04641-5

1235

アニメ療法《セラピー》
心をケアするエンターテインメント

パントー・フランチェスコ

日本のポップカルチャーの力で、心を治癒することはできるか。イタリア出身のオタク精神科医が精神医学や心理学の知見を物語療法と接続し、新しい「アニメ療法《セラピー》」を構想する。

978-4-334-04642-2

1236

安い・美味しい・簡単 実践 健康食

岩田健太郎

「近所のスーパーの特売品で自炊」に健康が詰まってる…感染症医でファイナンシャル・プランナーの資格も持つ著者と考える、お金をかけず、持続可能でより豊かに生きるための食事術。

978-4-334-04643-9

1237

社会を変えるスタートアップ
「就労困難者ゼロ社会」の実現

小野貴也

全国１５００万人の「就労困難者」に適切な仕事を提供し、労働力減少を補う。社会課題を解決するスタートアップが見据える日本経済の未来像と、その先にあるインクルーシブ社会とは。

978-4-334-04644-6

1238

教育大国シンガポール
日本は何を学べるか

中野円佳

激しい教育競争、点数化する習い事——煽られ、葛藤する母親達、疲弊する子ども達。教育社会学研究者・ジャーナリストが現地の教育システムの実態を、インタビュー調査を交え報告。

978-4-334-04645-3

1239

エンタメ小説家の失敗学
「売れなければ終わり」の修羅の道

平山瑞穂

華々しいデビュー、10万部超えのヒット、そして映画化——。人気作家も目前だった小説家が犯した痛恨の「失敗」とは？出版界の裏事情と赤裸々な告白に満ちた自虐的反省の書。

978-4-334-04646-0

1240
「おふくろの味」幻想
誰が郷愁の味をつくったのか
湯澤規子

一体「おふくろの味」とは何を指しているのか。なぜそれは時に女性たちをいらだたせるのか。社会と時代を丹念に読み解き、「おふくろの味」が誕生した経緯とその正体を探る。

978-4-334-04647-7

1241
数字のセンスを磨く
データの読み方・活かし方
筒井淳也

私たちは数字に取り囲まれて日々を送っている。だが、数字をきちんと理解し、数字ときちんと向き合えているだろうか。計量社会学・家族社会学を専門とする著者が「数字との付き合い方」を示す。

978-4-334-04648-4

1242
追跡 税金のゆくえ
ブラックボックスを暴く
高橋祐貴

一般社団法人による〝中抜き〟、見えない五輪予算、孫の小遣いとなる中山間地域の助成金――。私たちの税金は何に使われているのか。気鋭の新聞記者がその杜撰な実態に粘り強く迫る！

978-4-334-04649-1

1243
友情を哲学する
七人の哲学者たちの友情観
戸谷洋志

友情とは何なのか。いま、その多様性を知ることが、人生をいくらか豊かなものにしてくれるのではないか。漫画が描く「友情」のあり方を参照しながら、哲学者七人の友情観を探る。

978-4-334-04650-7

1244
改訂版 東大合格高校盛衰史
1949年～最新ランキング徹底解剖
小林哲夫

日本一の頭脳たちはどこから集うのか？ 名門進学校の凋落と躍進を辿ることで、日本社会の構造が浮き彫りになる。戦後から今に至るまでの合格者数ランキングで、東大受験の実情を一挙総覧！

978-4-334-04651-4